うめ組のさきちゃん

西村美紀子

鉱脈社

はじめに

さきちゃんは、一九八七年（昭和62年）八月十三日、私達の長女として誕生しました。予定より二日ほど早く生まれてきました。体重三三五〇グラム、身長五〇センチの標準的な赤ちゃんでした。

前の年に生まれた二男の和仁を生後まもなく亡くしたせいもあり、とにかく元気に育ってほしいと願っていました。

さきちゃんはそんな家族の願いを知ってか知らずしてかとても元気に育っていきました。しかし、だんだん大きくなるさきちゃんを見て、できることなら明るく聡明でしとやかな女の子に育ってほしいというのも家族の正直な願いでした。六歳違いのお兄ちゃんは、頭のいい妹になってほしいと生後一カ月くらいから、英才教育のトレーニングをしてくれました。幼稚園から帰ると割り箸の先に鈴をぶら下げ「こっちだよう」と右に左に動かし、さきちゃんがその鈴を目で追うといった訓練です。また、お兄ちゃんが聞いていた子どもクラブのカセットテープも毎日聞かせていました。

みんなの期待がプレッシャーになったのか、さきちゃんは、残念ながら勉強大嫌いな子になってしまいました。

私達は、小学校の教師だったので、さきちゃんは生後三カ月から私の母に預けていました。私は母に、子どもクラブのカセットテープを毎日聞かせるように頼んでいましたが、さきちゃんは、聞くのがいやだったのでしょうね、ある日セットしていたカセットテープを隠してしまいました。ハイハイをしながら隠した場所に案内してくれたので、一歳前後の出来事だと思います。

勉強大嫌いのさきちゃんでしたが、六歳ほど年のはなれているお兄ちゃんが一番のライバルだったようです。「お兄ちゃんのすることは自分も……」と言わんばかりに真似っこをしていました。特にその頃から、お兄ちゃんが力を入れていたピアノの練習には興味を示し、レッスンも一緒について行きじっと聞いたり見たりしていました。二歳三カ月の時にヤマハの三歳児ランドという音楽教室に入室するまでは、私と一緒に家でリトミックなどをして遊んでいました。お兄ちゃんの真似っこはピアノだけでなくお習字やスイミング、英語、公文のプリントなど今さらながら負けん気の強い子だったんだなあと思いました。

さきちゃんは、この自然豊かな地で、毎日、田んぼや畑を駆けめぐり、土に親しみ、野の花や虫と戯れて育ちました。三歳で幼稚園に入園。年少さんの時は朝、おばあちゃんと別れるのが寂しくて泣いてばかりのさきちゃんだったようです。登園拒否の寸前までいったこともありました。

そして四歳。年中さんになったさきちゃん。

本書は、幼稚園の年中（うめ組）さんになったさきちゃんの一年間の様子を記したものです。そしてこの時期ほとんどの子どもが似たような生活をして一年を過ごすのではないかと思います。慌ただしく過ぎていく毎日の中で、子どもの大切な眼差しや言動に気付かないこともたくさんあったのだろうと思います。しかし、親自身が家族を大切にし、真面目に精一杯生きていけば子どももそのように育っていくような気がします。幼稚園と家での様子を連絡帳のまま書き写しました。（十二月の連絡帳が紛失していますが）退屈な子育て日記かもしれませんが、平凡な日常を客観的に見ることで子育てのお役に立てばと思います。

目次

うめ組のさきちゃん

＝お母さん

＝うめ組の先生

四月
うめ組さん　よろしく

ご進級おめでとうございます。
この度、さきちゃんの担任をさせていただくことになりました宮越祥子と申します。本年は在園児十五名、新しく入園される十一名を含め「うめ組二十六名」でのスタートになります。未熟ではありますが、子ども達が喜んで登園できるようなクラスを作りたいと思います。お母様方のご指導を仰ぎながら連携を密にして充実した一年にしたいと思います。
どうぞよろしくおねがい申し上げます。

「うめ組さんでね、宮越先生だよ」とうれしそうに報告してくれました。これから一年間どうぞよろしくお願いいたします。
さきは、両親と小学五年生の兄の四人家族ですので、一人っ子も同然で甘えん坊のわがま

ま娘です。少しずつ時間をかけてきちんとしつけなければと今あの手この手で子育てをしています。年少さんの時も担任の先生にずいぶんご心配をおかけしましたが、最近ではだんだんと良い方に向かっているようです。幼稚園も大好きなようです。楽しく元気に過ごしてほしいです。私達も共働きですので十分に手がかけられないこともありますが、精一杯目をかけ、心を配りたいと思っています。

うめ

私もまだわからないことばかりですので、家庭での様子など報告してくださると、とてもためになります。今日は、幼稚園では、はるかちゃん達とママごとをしたりとても楽しそうです。

（9日）

はるかちゃんと同じクラスで良かったと言っていました。今日から新しいお友達も増えて、またまた楽しい園での様子が聞けることでしょう。今日は、おばあちゃんの家でいとこの真之介と遊んだようです。しかし、公文の宿題が終わってなかったらしく必死でやっていたそうです。夜は教室で十枚ずつ眠たい目をこすりながらがんばりました。それから電車でお父さんを宮崎まで迎えに行き、帰ったのは十一時過ぎ。それからピアノをやって

なかったからと一通り練習して寝ました。小さいときはいろんなことを紹介して幅広く活動し、その中からこれをと思うものへ絞っていかせたいと思っています。強制的にさせなくても自分から楽しんでやってくれるようになりました。さきにとっては精一杯頑張っている毎日でとても充実しているようです。最近は「えらいね」「すごいね」とつい言ってしまいたくなるような状態です。心優しくそして強い子に育ってほしいです。

（10日）

おはようございます。土・日と楽しく過ごしました。土曜日はピアノでとても褒められ上機嫌でした。宿題に両手が入ったので嬉しくてしょうがないようです。公文も頑張って日曜日は算数二十枚、国語は五、六枚でしたがやりました。よく学びよく遊び（小さいときは学びも遊びも区別はないようですが）、充実した土・日でした。

（12日）

今日は、とっても疲れたようでご機嫌が悪くご飯を食べるとさっさと寝てしまいました。公文も国語を十枚ほど

しただけでした。英語教室の時からいつもとはちょっと違っていたようです。新しいお友達も増えて小さいなりにやっぱり緊張しているんでしょうね。今日はゆっくり休ませます。ベレー帽を紛失してしまいました。いくら捜しても見あたりません。お兄ちゃんのお下がりがあるのですがちょっと大きいので園でとってもらえませんでしょうか。

（13日）

新しいお友達が入ってきて本当に小さいながらも疲れるんでしょうね。他の子ども達の中にも「最近早く寝るんですよ」というお話を聞きます。今、午前保育で十分全部の幼児に手をかけてあげられなくて……早く午後保育になってほしいです。

（14日）

家庭訪問、勝手を言ってすみませんがよろしくお願いします。さきも先生が来てくださることをとても楽しみにしています。昨夜もまた電車に乗ってお兄ちゃんを宮崎に迎えに行きました。「車で行こうか」と言うと「電車がいい」と最近は電車ばかり。夜の駅はどこも同じに感じるのか、「東京みたいだね」と昨年の夏休みに行った東京のことを思い出しているようです。ディズニーランドなどよりもこういう光景の方を印象深く心に留めていたのかなあと思いました。駅もしょっちゅう利用するのに行くたびにいろんな物が目につ

くようで、昨夜は目の不自由な人のためにあるでこぼこのラインのことで一生懸命お兄ちゃんに聞いていました。

（15日）

今日は、園でも鯉のぼりがあげられ子ども達、みんな「うわあい」と喜んでいました。
（15日）

「鯉のぼりをあげたんだよ」と嬉しそうに話してくれました。新しいお友達の話もぽつぽつ出てきて楽しそうです。今日もよろしくお願いします。帽子は見つかりました。注文してくださっていたら買いますので。
（14日）

どうもすみません。今日帽子に名前を書いて準備していたので……。そうしていただけるでしょうか……。さきちゃんは、バスを待っている間に食べるお弁当「おばあちゃんとか（おかあさん）が作ってくれる！　おにぎりが四個も入ってた……つけものが五個入ってた……」と嬉しそうに話してくれます。
（16日）

今日は家庭訪問ありがとうございました。とっても行儀の悪いさきでしたがそれも先生が来てくださったことに対する喜びの表現の一つでもあったんでしょう。帰られてからお客様がみえたときの態度についてお兄ちゃんも含めて話をしました。いろんな行事をこなしていく中で一つずつ何かを身に付けていってほしいです。とっても明るく落ち着いていらして新任の先生とは思えない印象を受けました。さきの「宮越先生大すき」という声がすぐにも聞けそうで安心いたしました。どうぞよろしくお願いします。（17日）

昨日は、大変お世話になりました。温かいおもてなし、またお心遣いを頂き……本当に恐縮に存じます。早速お花の方部屋に飾りました。いろいろとためになるお話聞かせていただきありがとうございました。（18日）

昨日の日曜日は、お習字で「とり」と書きました。先生に「A」と言われると顔がほころびます。三枚「A」と言われる作品ができるまで書きました。四月から『墨友』に出品することになって嬉しくてたまらないようです。夕方、自分もお兄ちゃんのようにストップウォッチが欲しいと色違いのを買ってもらい、今日から公文ももっと頑張るんだそうですが、……どうなりますやら。二十六日は遠足ですね。今から楽しみにしているようです。お天気が良いといいですね。

（20日）

昨日は朝バスに乗るときに、ご挨拶が大きな声でできたとおばあちゃんに褒められていました。英語教室でもおりこうだったそうです。調子にのってかピアノの練習もしっかりでき、公文も算数二十枚をストップウォッチを首にかけあっという間にしてしまいました。気分がいいと何だってできるんですね。毎日気分よくしてあげたいです。

（21日）

うめ

登園してきてすぐに「昨日はおそーくまで起きてたんだよ……。公文もしたし、ピアノも日記も……」と得意気になって言ってきました。今日は交通安全教室で信号の三つの色をみんなの前でマイクを通して言いました。みんなに拍手をたくさんもらってまた一つ自信へとつながったのでは……と嬉しく思います。

（21日）

交通教室のことといろいろと話してくれました。「信号の色がみんなの前で言えたんですってね。えらいなあ」と精一杯褒めるともう顔中笑顔。朝も一人でさっさと着替えてご機嫌な毎日です。火曜日の夜はお兄ちゃんを迎えにまた電車に乗って宮崎まで行きました。高鍋駅を出ると「次はどこ？」「新富町よ」とここまではいいのですが、新富町を出ると「次は何富町」と聞いてきます。子どもというのはおもしろいですね。今日から午後保育が始まります。ますます楽しくなることと思います。

（22日）

うめ

早速早速の午後保育。子ども達は額にたっぷり汗をかくまで走り回りとにかく元気です。さきちゃんはといえば……「いない？」と探し回り……園庭にもトイレにも……おらず――。となりの「さくら組」でニコニコ遊んでいるんですよ。それにしても「次は何とみ町？」には家に帰り母にも話し大笑いしました。かわいいですね。今日は、スポーツ教室で（私がまだその日の流れを知らないもので……）さきちゃんが「そろそろ着替えておかないとスポーツ教室だから……」と言ってくれみんなを着替えさせられ……助かりました。他にもまだお当番を決めていないのですが、自ら「お帳面配るう」などと手伝ってくれ本当に助かります。それから……お花ありがとうございます。自分の好きな物を人にあげたくなるさきちゃんの優しい心、人にも喜んでもらえるように思う心……これからも大事に伸ばしていけたらいいなあと思います。

（23日）

木曜日スポーツ教室帰りにベストを忘れて帰り二十四日に持って帰るからといいますので、そのままにしていたらまた忘れて帰りました。お手数をかけてすみませんがベストを捜していただけませんでしょうか？　お願いします。　祖母

（24日）

ベストありがとうございました。楽しい遠足も終わり次の目あてを探っているようです。遅くなりましたが粘土ベラ・のり・雑巾を持たせます。明日は、お父さんと苺狩りに行くそうで楽しみにしています。

（28日）

うめ

昨日、「賞状をもらったんだよう」と言ってきました。英語か何かと言っていましたが……。今日はこいのぼりを作りました。明日の苺狩りのお話を聞くのが楽しみです。

（28日）

賞状は修了証のようです。ヤマハ英語教室に通い始めて一年になるので頂いたのでしょう。本人はとっても喜んでいました。励みにしたいです。苺狩りははじめはいっぱい摘もうと思っていたようですが、そのうちお父さんに自分の箱をポイとあげて、自分は食

べたり遊んだりに興じていました。　（30日）

今日はスポーツ教室で体育着を持って行ってなかったようですね。園のをお借りしたそうですが、どうもご迷惑をおかけしました。ありがとうございました。明日からお休みなので六日にお返しします。今日も食事をしないうちからグーグーです。暑くなってつかれるんでしょうね。ピアノも朝しないとできませんね。　（30日）

今、振り返って思うこと①

体験はたくさんさせよう

小さいときにいろんな体験をさせた方がいいと思います。大きくなるにつれ自由な時間が少なくなります。一日の大半を学校が占めるからです。また、小さいからこそ興味が持てたりするものもあります。子どもの頃に体験したものは大人になってとても懐かしく思われます。動物園や美術館、演劇、コンサートなどに連れて行くだけでなく一緒に遊び、一緒に働いたり何かを作ったり自然に触れたり……。子どものイメージ力や思考力も高まります。

これらの体験で得たものは、子どもの人生を彩り豊かにしてくれるだけでなく大人になってから人を知る上でとても役に立つような気がします。人間関係構築の土台になるのではないかと思います。

五月
約束したことは守らねば

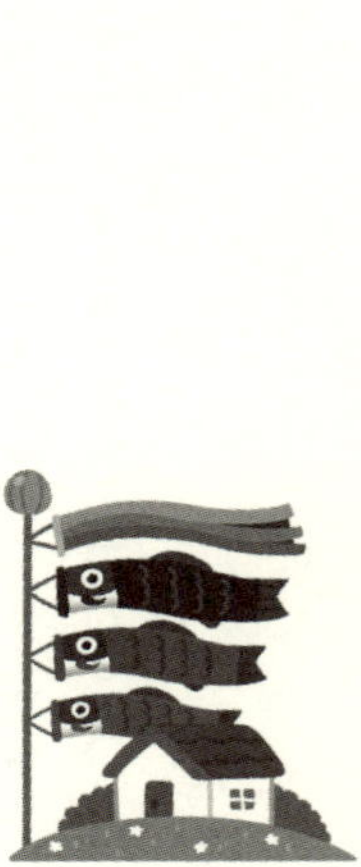

お当番のグループを決めました。班の名前を決めるのにカラスとすずめ……でもめていたようですが、結局「ことり」ということでうまく解決したらしくとても喜んでいました。

（1日）

連休も終わり、また園での楽しい生活が始まったようですね。「うめぐみだより」を見て、子ども達の本当に純なつぶやきに感動しました。また、そんな言葉を心に留めてくださる先生にも感心してしまいました。連休はずっとお家で過ごしました。いとこの真之介のお節句にお呼ばれしたり家族でお庭でピクニックしたり……。結構楽しかったのではないでしょうか。休み明けは荷物が多いのでちゃんと持って行けたかなと心配しています。

（7日）

うめ

まるきやの母の日の絵、見に行かれましたか？　今展示してあるようです。どのお母さん方も「見て啞然……」などと言っておられます。一緒に見に行ってみてください。

（7日）

まあ、絵が展示してあるんですか。早速行ってみます。昨年も見て「えっ」と思わず自分の顔を鏡に映してみました。父の日の絵なんて「お父さんを描こうと思ったら、トトロになっちゃった」と言ってたのが金賞で、とても複雑なお父さんの気持ちだったようです。

（7日）

昨日は、公文の教室でも二十枚、家でも十枚と張り切って、疲れたようです。ずいぶんと前に比べると速くなり本人もゆとりが出てきたのだと思います。今週はあっという間でした。

（9日）

十六日の参観日を楽しみにしているようで「早く来てね。とってもいいプレゼントがあるからね」と。何ができているんでしょうか。楽しみです。母の日の似顔絵をまるき屋に見に行きました。とってもかわいいお母さんできっと希望・願望している母親像が描かれているのだろうと思いました。希望に応えたいんですけどね。大きく描いた人の絵が入賞していましたが、それを見て、「こんどお父さんの絵を描く時は画用紙からはみ出るくらい大きく描くわ。そしたら金賞じゃね」とさき。「そうだね、頑張って大きく描きなさいよ」と言っておきましたが……。やっぱりお友達の絵を鑑賞させるのもとっても良い学習になるんだなと思いました。しかし、どんなお父さんに今度はなるんでしょう。これも楽しみです。

（13日）

うめ

今日は、参観日の「招待状」を作ったのですが、「先生、そんなの作らんでも絶対来るよっ、絶対……来るって言ったもん」とニコニコ嬉しそうに言うんですよ。ほーんと楽しみにしてるようです。

（14日）

お早うございます。かわいい招待状をいただきました。「来るんでしょ。早くよ」と言われ、私も明日は朝から休みを取りました。ところで髪の毛のことですが、どうしても切りたがりません。幼稚園では、バラッとゴムを外すのではないかと祖母が心配してい

るのですが。今度そんなことがあったら髪を切る約束をしました。ゴムを解くようなことがあったらお知らせください。（15日）

うめ　朝、登園して来るなり……昨日お父さんから叱られた……と言ってきました。帽子のゴムがひっかかったりした時にバラッと外れてしまうことがありますが、かわいいゴムで結んだり髪をとかしたり……女の子はきっとそういうの嬉しいんでしょうね。けど約束したのでしっかり意識しているようでした。（15日）

うめ　いつもより少し元気がなく、ちょっと熱っぽいようでした。三十七度二分ほどありましたが、製作など楽しんでいるようですので様子を見ています。お家の方でも気をつけてみてください。（22日）

ありがとうございます。大丈夫のようでしたが鼻水が出てちょっとご機嫌も良くなかったのでお風呂はやめて休ませました。今週は、私も風邪をひいて注意散漫で忘れ物やら何やら、さきにも先生にも迷惑をかけたのではないかと思います。クレヨンの色がいく

つかないようでしたが、幼稚園の方で買ってもらえないでしょうか。 （22日）

クレヨン、揃えられたんですね。すみません。昨日は、「お迎えよ」と何度も言っていました。たまたま、私が送っていき、着いたときおばあちゃんが少しして出てこられたので、「ホラね　お迎えだったとよう」と一言。すっごくお迎えにあこがれなのか、迎えに来てほしいみたいです。 （26日）

クレヨンは家にあるのを持たせたんですが、まだ足りない色があるかもしれません。お迎えにあこがれているみたいです。明日から修学旅行の引率で私がいませんので今夜から三日間おばあちゃんちへお泊まりです。とっても嬉しいようです。おみやげに卓球のラケットを頼まれました。顔が一段と黒くなり元気一杯のさきです。この調子で元気に大きくなってほしいです。 （26日）

おみやげはおもちゃだった……と喜んで報告。今日はお誕生会でよっちゃんが、「大好きなお友達は？」と質問され「さきちゃんとはるかちゃん」と答え、とっても嬉し

いような、みいんなが見て恥ずかしいような……表情でした。

(30日)

今、振り返って思うこと②

努力できる子にするには成功体験をさせよう

成功体験をさせるためには、成功する秘訣を一緒に考えてあげることです。そして成功に向けて応援してあげること。成功したら、家族みんなで喜び、成功までの具体的な努力を褒めてあげることです。小さな成功体験をたくさんさせたいですね。私は子ども達がかなり大きくなるまで成功の手伝いをしてきたように思います。例えば、校内持久走大会で完走すること、というようなことから絵画・作文・ピアノコンクールでの入賞、そして中学受験、大学受験まで。ほとんどが、資料集めだったり情報収集、そしてただ傍らでやる気を持続させるための言葉かけ（努力していることを褒めたり時に叱咤激励）。しかし、小さいときから成功体験を何度か経験しているせいか成功しなかった時も「失敗は成功のもと」、「人間万事塞翁が馬」「まだやれることをしていないんだ」と自分の成功イメージはぶれなかったようです。

六月
パパも大好き

うめ

今日から六月、はやいですね。「山本さっちゃんが好きなお友達はさきちゃんとはるかちゃんって言ってくれたんだよ」と嬉しそうでした。四月も五月もとても元気に登園してくれてよかったです。六月も頑張ってほしいです。

お花どうもありがとうございました。（1日）

園の制服を忘れて帰ってきましたので、今日は帰りに忘れぬようにとさきには言っておきました。よろしくお願いします。　祖母（2日）

うめ

まるき屋出品。父の日の絵を描きました。今回のさきちゃんの絵楽しみに。「お母さんが大きく描きなさいって言った」だけあって、「うっわあ」と声をあげてしまいました。

（2日）

どんな絵ができたんでしょう。私が帰ってくるなり、「パパの絵、大きく描いたんだよ。おひげも描いて歯も描いたよ」とにこにこ顔で報告してくれました。そして、「ねえ、大きく描いたから金賞じゃなくて特別賞だよね。まつもと君がお母さんの絵の時にもらったでしょ、あれ」何と賞ねらいで描くなんてさきらしい。あまりに自信をもって言うものですから主人に「賞がもらえない時は、かなり落ち込むだろうな」と言われてしまいました。でも大きく描けたことはとてもえらい、賞がもらえなくてもとってもすごいんだと話してあげましたら、とても満足そうでした。それにしても怪獣みたいなお父さんではないかとひそかに心配している人がいます。

（2日）

うめ
お父さんの絵、とにかく画用紙いっぱいの堂々とした絵です。今日は時の記念日にちなんで牛乳パックで時計を作りました。さきちゃんは、「これ父の日のプレゼント？」と……本当はちょっと違うけど「じゃあ、さきちゃんお父さんにプレゼントしたいの？」「うん」というわけでお父さんへのプレゼントとして今日持ち帰ります。

（4日）

うめ

お花、どうもありがとうございます。

（11日）

お花の仕事をさきちゃんがお手伝いしてたくさんもらった花でした。　祖母

（12日）

うめ

お花どうもありがとうございました。うめ組にはあったので他のクラスのお部屋へプレゼント。先生方がうめ組まで足を運び「さきちゃん、どうもありがとう」と言うとニッコリ照れていました。

（13日）

うめ

わあい。わあい。さきちゃん見事入賞していました。他にもうめ組は四名ほど。嬉しくて私も思わず父や母に見せたしだいでした。朝バスに乗ってはるかちゃん達に「まるき屋行った？」とさきちゃんも嬉しそうに話していました。

（15日）

ありがとうございます。毎日毎日まるき屋に行かされています。昨日も開店と同時に行きました。おかげで……リボン買わされたりハンカチ買わされたり……まるき屋の

父の日セールのイベントにまんまとのせられたような気もしますが、さきの嬉しそうな顔を見れて本当によかったです。これで入賞していなかったらと思うと……ありがとうございました。「色の塗り方をこんどからもっとしっかり丁寧にするわ……」と張り切っていました。勝ち気ですね。昨日は、四月から出品するようになった習字も十級合格の○印ににっこり、公文も一級上に進みいいことばっかりのさきでご機嫌でした。しかし、あのお父さんの絵、お父さんが見たら何と言うだろうと思うとおかしくなってしまいました。（15日）

うめ

父の日のプレゼント、「お父さんの柔らかいお腹が好き」には何とも温かい家庭の様子というか、ほのぼのと伝わってくるものがあり嬉しく思いました。どうでしたか？他にも「バレーに行くお父さんはきらい」という発言もありましたが……遊んでもらえないからでしょうか？　ソフトボールお疲れ様でした。（23日）

うめ

あじさいありがとうございます。今日は、プールの後、少し頭が痛いと言いますが三十六度なので様子をみます。（25日）

おはようございます。頭痛の方はその後治ったようで熱も出ませんでした。最近は私がちょっと体調を崩して十分に気を配れませんでした。さきの幼稚園の準備がきちんとできなくて先生にも随分ご迷惑をおかけしたようですね。申し訳ありません。こんな時は家にいてあげられたら……と悲しくなります。昨日もスモックを入れておいたのにしっかり出してありました。私がかまってあげられなかった分のさきの精一杯の抵抗なのでしょうね。参観日は先生の大変さがまたまた分かりました。主人と「幼稚園の先生って重労働だね……」って話したことでしたが五月よりもずっと成長した子ども達の様子に嬉しく思いました。先生のきびきびした指導にも感心してしまいました。

（26日）

うめ

子どもってホントに敏感ですね。最近はなあんか違うなあと思って連絡をとると、「私がかまってやれなくて下の子にばかりで……」とか何かとちゃんと原因がありますし……。欲求不満とかしっかりあるようですね。私も反省させられます。遊び方一つでも私がどのくらいの気持ちの入れ方で遊ぶかによって子ども達の表情も全然違ってきます。今日は全力投球一二〇パーセントくらい出し切って「忍者ごっこパート2」。みんなのりにのってお弁当も机じゃなくて部屋に新聞を広げて……。口調も「〇〇でござる」とすごい入り込みよう……。お弁当の「ピーマン、食べられなあい」じゃあ、一緒に食べようと少々いただきました。はい、にっこにこ、全部食べました。（27日）

忍者ごっこの様子を嬉しそうに話してくれました。「いただきまする」って言ったっちゃが……と言っていました。（27日）

うめ　エプロンのひも、お友達のをしてあげていました。（30日）

今、振り返って思うこと③

家族の一員として家庭のルールを守らせよう

両親が働いていると子どもは我慢をしなくてはならないことがたくさんありました。だから小さいときから、学校の仕事以外の時には家族全員で行動するようにし自分の家庭・家族について知ってほしいと思いました。大人には本業以外にもいろんな仕事があることを悟ったようです。そして家族の一員として協力し自分たちの生活を良くしていこうとする態度も育ったように思います。自分の家とよその家は全く同じではなくその家々の家風やルールがあることも理解してくれるようになりました。もちろん、子ども達がしたいことや欲しい物も良いことであれば多少無理をしても願いを叶えていました。家族の一員として家庭のルールを守らせることは子ども達がこれから小・中学校と進み社会の一員として生きていく上でとても大切なことと考えます。

七月
夏休みだぁ！

とうとう一学期最後の月になりました。四・五・六月、欠席なく来れました。七月も元気で登園してほしいです。水に顔がつけられるようになったと大喜びでお風呂で毎日つけてます。夏休みにはスイミングに行くと張り切っています。今月もよろしくお願いします。トマト、とてもおいしくいただきました。

（2日）

トマトは、さきちゃんがうめ組、いいえ園中で一番たくさん穫ったのではないでしょうか。嬉しそうに「重い、おも〜い」と大きな袋をかかえてやっと歩いていました。無農薬だそうですよ。今日、早速プールで、「顔、つけられるよ」と披露してくれました。

（2日）

トマトはとてもたくさんだったのでびっくりしたんですけど、さすが欲張りさきですね。とっても喜んでいましたが、「少ししか穫れなかった人にたくさん穫った時は分けてあげる気持ちを持とうね」と話をしておきました。

（3日）

うめ

今日は、お母さんの遠足だとか？　あめで残念でしたね。園では雨でラッキー。みんなかっぱを着て砂山に登ったり雨をはじく葉っぱを見たりとても楽しみました。

（3日）


毎日とても楽しい園生活を送っているようで嬉しいです。

（6日）

うめ

私が別の部屋で着替えていると、「あけてんあけてん……」とコソコソ声で……さきちゃんです。いつもやってきて、「先生のおっぱいみーたー」と言うんですよ。実際は見てないのですが。

（6日）

まあ、何という子でしょうかね。「先生のおっぱい見たなんてだめよ」と話しておきました。何だかおっぱいが今とても恋しいようで、「ママ、おっぱい飲みたいよう」と赤ちゃんの真似をしたり……。「はいはい、赤ちゃんどうぞ……」と私もあえて叱ったり、そんなのだめ……なんて言わないようにしているんですけど。小さいときの親に対する欲求不満を今解消しているところかもしれません。先生にもご迷惑をおかけしますね。（7日）

うめ

いいえ、迷惑なんてそんなことないですよ。男の子達は触ってきたりもしますし……。いつまでも触るわけじゃないでしょうし。今はお母さんのそういう態度で良いと思います。今日はわざわざ体操服等届けていただきありがとうございました。おばあちゃんが帰ったとたん泣き出してしまったんですよ。（7日）

おばあちゃんが迎えに来てくれたのかと思ったそうです。だから泣いたんだそうです。（8日）

昨日は、パンツを忘れてしまってご迷惑をおかけしました。これは、私がすっかり忘れていました。「私、すっごく困ったっちゃかいね」と口をとんがらかして言ってました。パンツは明日持たせます。ありがとうございました。（10日）

昨日の夜は、外に出されて……とんだ大騒動でした。子どもを大きく育てるのは難しいですね。「もうしません。ちゃんとします」と泣き叫ぶ子どもに「いつもそうじゃがね」と心を鬼にして玄関から外に出し、「一回はこういう目にも遭わせておかないと……」と自分に言い聞かせながらも涙が出そうで……。夏休みになったら時間の許す限りさきの話し相手になり、さき中心の我が家にしようとお父さんやお兄ちゃんと話したことでした。きっとまだまだ淋しい思いをしているんでしょう。（11日）

うめ

一学期も早いもので残りわずかとなりました。本当にはやいですね。この四カ月、一日も休まず登園できたことをまずほめてあげたいです。いつもあかるくにっこり笑って、「おはよっ。あのね、きのうね……」と朝登園するなりお家であったことなど話してくれます。お家の方でいろいろやっているので園での製作、お絵かきなどはサッとのみこみスイスイこなしていく……反面、調子、機嫌の悪いときは、この間の話にあったように時間をかけながらもねばって作る姿が見られました。お友達は杉まさみちゃん、さかもとはるかちゃんが大の仲良しのようでバスの方も一緒なので登園から降園ぎりぎりまでままごと、ピップ遊び……最近では椅子を並べて幼稚園ごっこもしているようです。配布物を配る時は必ず手伝ってくれとっても助かりました。最近持ち物の後始末が悪いようですが、夏休み中も規則正しくまた、伸び伸び元気よく過ごしてほしいものです。二学期ますますけが・病気などせず元気に登園してくれることを楽しみにしています。

（17日）

一学期ありがとうございました。夏休みには後始末の練習、しつけなどやっていこうと思います。昨日は出していた敷物を忘れていったようでした。最後の最後まで迷惑をかけますね。プレゼントの方は届いたでしょうか。みんなの分（決められた物）と先生へのプレゼントがあったのですが……。また二学期もよろしくお願いします。

（18日）

うめ

プレゼント届きました。私にまでありがとうございました。

（18日）

夏休みらしい暑い日が続きますね。お元気ですか。さきは、毎日ラジオ体操に行ってます。プールにも行きました。ところが、昨日から熱発で元気が無くなってしまいました。でも今日は久しぶりに先生やお友達に会えるので頑張って行くそうです。
（31日）

久しぶりに子ども達に会えとっても嬉しく思いました。さきちゃんも髪を切ってとても可愛い～くなりましたね。少し目がトロ～ンとしていると思ったら夏風邪かな？気をつけてあげてください。私の方は研修研修でまだほとんど休みなしです。まっ元気は元気。明日からはラジオ体操さきちゃんに見習って頑張ってみようかな。
（31日）

今、振り返って思うこと④

良い個性を育ててあげよう

「個性」というと良いものを考えてしまいます。「個性豊か」とか「個性的な人」など。しかし、個性にもいろいろあるのではないかと思います。良い個性とは子どもの将来に良い影響を与えてくれるその子の特性を言うのだろうと思います。人に迷惑をかけたり不愉快な思いをさせたりすることは良い個性ではなく我が儘だと思います。一歳過ぎると生理的欲求だけでなく自分の意志を主張するようになります。そしてこの意志の扱い方次第で良い個性になるか我が儘になるかが決まるのではないでしょうか。子どもへの無償の愛の裏側には厳しさが必要不可欠のものだと思います。良い個性を育てるために、だめなものはだめと一貫した親の姿勢を見せることも大切だとおもいます。

八月
五歳になったね

毎日研修も大変ですね。でも一生懸命頑張っていらっしゃる先生が目に浮かぶようです。さてさきは、久しぶりの登園がとても嬉しそうでした。ところが、家に帰って、体のあちこちを虫にさされたようでひどく腫れました。顔も腫れて「四谷怪談のおいわさん」みたいで今日もそのなごりがありますが、何と言っても今日はお誕生会。張り切っています。よろしくお願いします。今日は園にお迎えに行きます（別に用はないのですがこんな時ぐらいしか迎えに行けません。お迎えにあこがれているようなので）。

（1日）

うめ

お誕生会、か～なり照れていたようでした。「うめ組さんで一人なのに上手に言えたね」と褒められますますニンマリ顔。「好きなお友達は？」の質問には「はるかちゃんとよっちゃん」としっかり答えました。

（1日）

今、振り返って思うこと⑤

習い事は目的を持って始めよう

小さい時からの習い事は、子どもが自分から進んで是非やりたいと言うよりは、親御さんの意向で始めることが多いようです。その時、いろんな事を経験させることは大切なことですが、なぜこの事を習わせるのかという理由、習い事の目的をしっかり持っておいた方がいいように思います。また、いつまで習わせるのかゴールも決めておくとより日々の練習が充実するのではないでしょうか。因みに我が家では「水泳」もやっていましたが、小学校に入る前に習い始め、クロールと平泳ぎで二十五メートル泳げるようになるまでは続けることを約束して始めました。また、趣味的な習い事はプロの技術を見せ、本物に近づけるようにしました。厳しい指導を受ければ上手になります。自分が努力をし、上手になっていくのを体感することで自信にも繋がったようです。

九月
ゴールめざして

うめ

お土産どうもありがとうございました。早速運動会へ向けて活用させていただきます。さきちゃんからの葉書……家族中で読み回しました。「すごい、字も上手、わあ～漢字よ」と感心し思わず私が鼻高々でした。今年の夏の宝物です。ずうっととっておいていつかさきちゃんが大きくなった時「ホラッ」って見せてあげたいです。いよいよ二学期。今日のさきちゃんは久しぶりの幼稚園で何をするのもホクホク顔でした。

（1日）

久しぶりの幼稚園に張り切っている様子です。二学期にもよろしくお願いします。昨日のおたよりを読んであげると照れたように下を向いてニヤリ。嬉しかったようです。疲れるのか早く寝てしまいます。運動会に向けてしっかり頑張ってほしいです。

（2日）

うめ

早速かけっこ、ダンスの練習。必死で走りましたが今日は惜しくも一等ではありませんでした。でも本当にゴールのテープに向かって必死。今、「今日何等だった？」と聞くと「一等」とのこと。あんまり差がなかったからなあ……。とにかくとても楽しんでやってるようです。お兄ちゃん、ピアノで優勝したみたいですね。新聞に出てたとか。私は見てないのですが高田先生達が言ってました。すごいですね。おめでとうございます。（3日）

「今日のかけっこ何等だった？」「一等だよ」やっぱり一等と思いこんでるみたいです。一生懸命やっているようなので一等にしといてあげたい気分です。お兄ちゃんのピアノは鹿児島であった地区本選で一位になり全国大会に行きました（これが新聞に出ていた分です）。東京では残念ながら一位にはなれませんでしたが二位をいただきました。各地区予選（県予選）、地区本選（宮崎の場合は南九州になるんですが）を一位か二位で勝ち抜いた子ども達ばかり五十三名での競技となりましたがその中で三位までに入れたことにはとても感激してしまいました。さきもずっと応援してくれていたのでとても嬉しかったようです。お兄ちゃんは来年三月に東京で行われる入賞者記念コンサートを最後にコンクールやコンサートには出ない決心のようです。受験勉強に専念するようですが、今回の銀賞で心おきなく勉強に打ち

込めると言っております。親としてはちょっと寂しいのですが……。その分さきが頑張ってくれるかも……。期待したいと思います。さきはコンクール出場者の女の子達のドレスにうっとりしていました。

（3日）

うめ　今日は本当に一等でした。やったあ。やっぱり女の子ですね。ドレスにうっとり……なんて……。お兄ちゃんのこと私もちょっぴり寂しいです。三月に東京で……すごいですね。先生方がよく言ってるんですよ、「さきちゃんのお兄ちゃんはおりこうで何でもできるのにそれをぜんぜん鼻にかけないからいいとよねえ……」って。これからもその調子で頑張ってほしいです。

（4日）

「やったあ、やったあ一位だったんだね」と喜ぶと嬉しそうにニンマリ。お父さんが「さきのあの顔たまらないねえ」今日は土曜日、頑張ってほしいです。

（5日）

うめ　悪気はなくお友達のお弁当・お茶をこぼしてしまいました。周りのお友達が「ちょっと」「こぼしたあ」などと言ったので「ああどうするかなあ」と思い黙ってみていると、さきちゃんは黙ってお弁当を拾いお茶をついであげ、とても立派で感心しました。

（11日）

そんなことがあったんですか。さきに聞きましたら、よっちゃんが先にこぼしたんだと言ってききません。「叱ってるんじゃなくて先生もお茶やらついであげてえらいって言ってらっしゃるし、お母さんもえらいなあって思っているのよ」といくら言っても、あれははるかちゃんのお弁当を見ようとしたらよっちゃんも見ようとしたらしく椅子が倒れたんだといいはります。真実はどうだかわかりませんがさきのことを信じてあげることにしていろいろ注意をしておきました。

（11日）

毎日運動会の練習大変でしょう。小さな子ども達の指導は、重労働ですよね。しかし、親にとってはとても楽しみです。日曜日、お天気が良いといいのですが……。ところで今日の親子ダンスの練習、もしかしたら行けないかもしれません。十分でも二十分でもと思ってはいるんですが（今日研究授業が入っているものですから）。さきの気持ちを思うと憂鬱になります。よろしくお願いします。

（16日）

うめ

研究授業が入っているのに大変でしたね。でもさきちゃんが小学校に上がると本番の運動会さえ見に行けなくなるのかな？　と思うと……本当に……十分でも五分でも参加できるものはなるべく参加してほしいです。ダンスの時「まだ来ない」と言ってキョロキョロさみしそうにしているのを見ると……やっぱりこういう時は私がどんなに頑張ってもだめだなあと思いました。あの後は結局女の子四人だけになりちょっぴりさみしかったですがゆっくりさきちゃん達とお喋りしたり折り紙を折ったり……ゆっくり楽しむことができました（いつもこうだといいのですが……）。昨日は運動会総練習、疲れていたことでしょう。準備係のこと言っておきました。当日してくださればよいそうですので土曜日は来なくても結構ですからよろしくお願いしますとのことです。（17日）

うめ

運動会お疲れ様でした。お天気がちょうど良くて本当に良かったです。小学校の運動会もあのくらいだといいですね。来年は親子リレーもひかえています。頑張ってください。ところで、今週はお休み

の関係で二十四日お弁当、二十五日給食となります。よろしくお願いします。（22日）

とっても楽しい運動会をありがとうございました。給食の件わかりました。先生もお疲れになったことでしょう。これからもよろしくお願いします。（25日）

少し鼻水が出てきています。風邪気味かな？　最近朝夕さむいですもんね。気をつけてあげてください。（27日）

ありがとうございます。「朝が寒いよう」とか言ってたのですが、ちょっと動き回れば……と思って「制服だけで頑張ろう」とはげましたところでした。風邪は寝冷えかもしれません。季節の変わり目です。先生もどうぞお体に気を付けてください。（30日）

ありがとうございます。（30日）

今、振り返って思うこと⑥

マナーについて

社会のルールや約束事、マナーは小さいときからしっかり教えてあげたいです。自分の家を一歩出たら社会のルールやマナーがあります。スーパーマーケットの中を全力で走って鬼ごっこをしている子ども達などよく見かけます。見かねて「ここは鬼ごっこをするところではありませんよ」と注意しますが聞く耳持たずです。おもちゃや遊具の取り扱いもとても乱暴で、壊しても平気という態度で遊んでいる子も見かけます。昔は他人の家の中では緊張して静かに遊んだものです。「遠慮」という言葉がありましたが、今は、「遠慮」という言葉は「断る」という意味しか使わないようです。マナーが良くないと結局子どもが周りの人達からいやがられます。社会のルールやマナーはしっかり教えてできるようにしておいた方がいいと思います。

十月
収穫大好き

うめ

今日は職員室で……な、なんと、金田のおじちゃんに紙芝居をしてもらっていました。（1日）

うめ

落花生ありがとうございました。ふと小学校の頃、先生のおうちに行き落花生ほりをしたのを思い出しました。これもおうちでできたんですか？（2日）

落花生は庭の先の畑で穫れた物です。さきが我が家では中心となって野菜作りにはげんでいます。ほとんど失敗に終わっていますが。おじいちゃんおばあちゃんに手伝ってもらったものだけ成功しています。（2日）

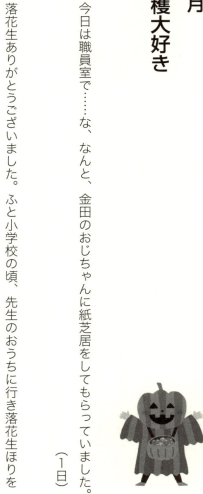

すごいですね。他の野菜もうまくできるといいですね。今日はまさみちゃんとケンカ。「女の子の犬になって散歩をしてほしかったのにちょっと待ってって言ってずっとしてくれなかった？？」とかが原因のようで許してやる、やらない……でずっと泣きながら……。その後は、またケロッとして遊んでいたようですが、ケンカの時は真剣なんですよね。

昨日はお兄ちゃんの運動会……。おじいちゃん、おばあちゃん、それに真之介君も行ったとかでお父さんが来なくても少しは楽しかったようでしたが。（5日）

ケンカしたんですね。さきの剣幕が目に浮かびます。困ったものです。（5日）

昨日は、お昼おにぎりが足りなかったのか、まさみちゃんのサンドイッチが欲しかっただけか、もらって食べていたようです。近頃は時々ボーッとしたりねむそうだったりしますが……疲れているのかな？（15日）

ジャジャ〜ンさきちゃんの頭見てください。か・か・髪の毛が〜。毛糸でのそうめんごっこが発展に発展を重ね髪の毛を切っているのです。見ればわかりますが、本人は

ニコニコ、本人の髪、本人ニコニコ、本人満足……ああ神様。（20日）

あああ……。なんて子でしょう。もうどうしてこうなんでしょうかね……。でも最近は私ももう悩まないことにしました。家でもこんなことよくあるんです。さきって将来何だかとても個性的な女の子になるのではないかなあって期待することにしました。だってやること、言うこと、考えること、すべてがちょっと変なんですものね。ただ心配していることはこんな子、公立の小学校じゃ認めてもらえませんよね。それを心配します。昨日は体調を悪くして先生にもご迷惑をおかけしたようですね。すみません。私が仕事から帰ってきた時もグッタリしていたんです。ところが、今日のお弁当用の食パンが見えたとたん、「アタシャ熱があっても幼稚園だけには行くからね」……。

二年くらい前まではトトロに出てくるメイちゃんみたいだったんですが、最近はちびまる子ちゃんにことばづかいまで似てきています。先日、金魚が死んでお墓をつくっていろいろお供えしたのはいいのですが、二、三日後、そのお墓に穴があいていまして金魚の死骸が無くなっていたんです。きっと野良犬かなにかが掘り出したのでしょうが、私が「まあ、どうしたのかしら」と言うと、「金魚もやっと天国へ行くことができたんだよ」とさき。

昨年は、お風呂のふたを開けて入ろうとしたらドングリが一面に浮かんでいてヒエ～とびっくりしましたが、今年はどこから穫ってきたのか柿の種が入っていまして、あさがおの種もお風呂に入れるというので「それはやめて」と頼みました。ピアノの発表会の曲もとてもきれいな曲を「私こういうのきらい」と言って「ふまれたネコの逆襲」というのを選びとても気に入っています。しかし、未だに題名がちゃんと言えず「ネコふまれた逆襲」と言うんです。……考えてみればあの子は生まれて今日まで本当に変なことばかりしてきて、そのほとんどを私から否定されてきたようです。確かに困ったさんですが、でもよく見直してみると、とてもユニークな発想の時も多いんですよね。これからは認めてあげようと思います。

（20日）

今日は面談よろしくお願いします。さきは、私と帰りたいようですので幼稚園で待たせていただけないでしょうか。お願いします。

（22日）

昨日は遅くまでありがとうございました。帰ってから先生に見せるんだとみかんの絵を描こうとしていました。「パイナップルとかぼちゃを描いたら」と言ったら一生懸

命スケッチしていました。額に入れてあげたら嬉しくてたまらないようで家族に見せて回っていました。

（23日）

うめ

こちらこそありがとうございました。楽しかったあ〜。絵、スゴーイ。バスに乗ると年長のたかし君が「さきちゃあん、ちょっとそれ上に上げてみせてえ」（さきちゃん、照れながら嬉しそうに見せる）、「わっすげー、パイナップルじゃあ」。その言い方本当にすご〜いというような声で……。パイナップルというとこんな感じで描く子もいるのに、さきちゃんのは見たままほんとにそのまんま、しっかり特徴をとらえて描けていましたね。林先生もビックリ。「わあ、うまいねえ」とこの絵にも出るさきちゃんのそのままの姿を大切にしてあげのばしてあげられたら……と思います。

（23日）

日曜日にピアノの先生のお宅でお兄ちゃんのレッスンを待っている時に、外で息子さんの真君と遊んでいたのですが石段から落っこちてまたまた傷を作ってしまいました。「滑り落ちましたよ」と言わんばかりにお腹から膝にかけての擦り傷。えんえん泣きながらも体はまだ遊びの中……。このさきの姿に一年生の真君も目を白黒させていました。さきも

ピアノは十点（満点）をもらい大満足でした。　（27日）

ピアニカをしました。さきちゃん何やら一生懸命。もしや？　案の定「ネコの逆襲」を弾いていました。今日から新しい連絡帳……昨日からそればっかり嬉しそうに……気にしていました。なんと痛々しい足の傷、ここまで傷だらけだとなんだか笑いが出てしまいます。　（27日）

早速ピアニカの話をしてくれました。あんまりうまく弾けなかったということですが、やっぱりネコを弾いたんですね。ところで、スカートをハサミで切られたとのこと。りょうた君が切ったとのことですが、本当なのでしょうか。自分で切ったのかもしれないと私は思うのですが。本当にどうしてこうなのでしょうかね。　（27日）

昨日はどうもすみませんでした。電話をしてへんにさきちゃんが何か思わないかな……などいろいろ考えてしまいましたがあの後どうでしたか。今朝登園してすぐ（暫く）ブスーッとして倉庫の前に一人で座っていましたが、その後はケロッ、遠足の話なんか

してニコニコ。あらっ？　さっきのは何だったのかな？　でした。その後の経過をお知らせください。（29日）

昨日は楽しい芋掘り遠足だったようでいろいろと様子を話してくれました。さてスカートの件、やっぱりさきが自分でやったようです。お父さんからもいろいろ話してもらいました。うそをつくというのが気になります。今「不思議の国のアリス」に凝っていますが、空想・夢の世界と現実の世界の境がなくなる時期でもありますので、うそと夢、空想の違いを少しずつ話して聞かせたいと思います。次から次へとよく問題を投げかける人です。先生にも余計な気を遣わせてしまいますね。申し訳ありません。先生にお電話した後さきから次のような手紙をもらいました。

「おかあさん、おかあさんはう（お）りこうですね。は（わ）たしはだれともけこんしないでおかあさんとこの（ろ）にずといたいです。さきより　おかあさんがんばれ」。私といつも一緒にいたいという願望がいつも心のどこかにこびりついているのだろうと思います。土曜・日曜、さきに私の存在をしっかり認めてもらえるようにベッタリくっついていっぱいお話をしたいと思います。（31日）

うめ

スカートの件、そうでしたか。子どもはほんとに空想と現実の世界が無くなったり全然悪気無く嘘を嘘と思わずについたり……（小学生でもあるでしょう？）しますもんね。これを少しずつ話していったりしながらいっぱいいーっぱい教えていき、こっちもさきちゃんに教わらないといけませんね。さきちゃんからの手紙なんだかジーンときますね。この手紙の中にまだ文字や言葉で表せない思いがたくさん詰まっているのでは？……と思いました。土・日はたくさんたくさんお話なんかしてあげてください。昨日の芋掘り、掘り始めて数分でさきちゃんの袋はい～っぱい、もぉ～びっくりしてしまいました。トマトちぎり……の時よりすごかった。本人はまだ掘りたいのにもう袋に入りきらなくて何だか時間をもてあましていたようです。欲張りさきちゃん。ですが、とってもいきいきしていて楽しそうでした。

（31日）

今、振り返って思うこと⑦

言葉遣いの大切さ

言葉遣いは大切です。言葉の乱れは心の乱れに発展することも多いです。最近は省略形の言葉やいろんな造語が出てきていて意味がよく分からないものもあります。小さいときは特に省略しない言葉を遣いたいものです。今は共通語みたいによく耳にする「じいじ」「ばあば」という言葉もなぜ「おじいちゃん」「おばあちゃん」ではいけないんだろうと思ってしまいます。きちんとした日本語を理解した方が文学により親しむことができるような気がしますし、薄っぺらな会話しかできなくなるのではという心配をしなくてすみます。発達に応じたよい本を選び読み聞かせをしたり読書をさせたりすることが大切だと思います。また、高学年になっても敬語の使えない子どもたちも多いです。敬語は日頃から使い、時と場合によって尊敬語や丁寧語、謙譲語を使い分けることができるようにしておくと将来社会に出たときも言葉遣いに困ることはないと思います。

十一月
芸術の秋

お休みは宮交シティに行って滑り台やボールのプールに入っていっぱい遊びました。カルチャーセンターの二階で子ども達がバレエの練習をしていましたが、それをじっと一時間くらい見ていました。よほど気に入ったらしく最後は座り込んで見ていました。「私もあの仲間に入って踊りたいよう」とさき。体を動かすことが大好きなんでしょうね。

（5日）

一時間も見てたなんてよっぽど気に入ったのですね。気に入ったと言えば「不思議の国のアリス」。もうすぐお遊戯会なのでみんなに「どんなのがしたい?」と聞くと、男の子はウルトラマンやマリオ。女の子は白雪姫など。そしてさきちゃんは、わざわざ私の所までやって来て「不思議の国のアリスとかもいいんじゃない?」と。「もしそれだったら

さきちゃん何になりたい？」「アリス」。やっぱり。なんせ年中さんは人数が多いので子ども達の希望通りいかないかも……。というのが悩みです。最近は粘土でのクッキー作りに凝ってるようです。これがなかなか上手なんですよ。（5日）

うめ

今廊下を見回ってみると玄関の方の廊下ではるかちゃん達とハンカチを囲んで座っています。このハンカチの上には先ほど書いたクッキーが何枚も重ねてあります。「何してるの？」「ゲームよ。じゃんけんをして勝ったら一枚ずつとっていく」。スゴイ。「誰が考えたの？」「さきちゃん」。思わずスゴーイ、スゴーイを連発し頭をなぜなぜ。他の子も楽しそうでした。（5日）

今、振り返って思うこと⑧

読み書き・そろばん

私達が生活していく上で大事な基礎になるものの一つに「読み・書き・そろばん（計算）」があると思います。ですからできるだけ小さいときから教えてあげたいです。その方が言葉も覚え本も読め、いろいろな文化にも触れることができるので毎日が楽しくなります。言葉を発し、文字を読めるようにするには、たくさんの言葉を聞かせることです。娘も生まれてまもなくから子どもクラブのお話や童謡を毎日聞かせていました。言葉が出るようになってからはお話を自然に暗唱したり、歌も一歳半前後には片言ですが二、三十曲くらい歌っていました。言葉が出てくると自分の思いを周囲の者に伝えることができるので心静かに生活できるようです。これは私の子育ての中でもよかったなと思われる点です。数についてはいろんな場面で一緒に数えることです。何度もくり返していると子どもは無理なくしっかり覚えてくれます。

一月
うめのつぼみもふくらんで

お便り帳の新しいのをと思っていながら……。ありがとうございました。毎日毎日元気一杯でとっても嬉しいです。手もほとんど痛くないようです。今週中にはもう一度レントゲンを撮ってもらおうと思っています。とうとう待ちきれずにピアノも少しずつ練習しているところです。今日も元気で頑張ってほしいです。（20日）

うめ

言っていました。「先生、ピアノ弾いてしまった」と。今日は椅子をズラーリ並べてお部屋を作り……でも長友ゆりちゃんがいっぱいとってできーん、とのこと。一緒に仲間でしたらと言うと「でも私、お部屋と猫のおうちもつくりたいし……」とニヤリ。やりたいことだらけのようです。けど最近クヨクヨせずな～んか笑い飛ばして「あっそっか、そ

うしよう」とかる〜いのりでケロッとかわしているさきちゃんです。（20日）

家でも最近はとっても明るくて自分なりにいろいろと考えて我慢するようになりつつあります。お年玉も貯金してお金を増やすんだと張り切っておりましたが、先日宮交シティで千円を乗り物やゲームに使ってしまいました。ゲームはしたいしお金は使いたくないしという葛藤があったようですが自由にさせておきました。さすがに千円使ってしまった時にはあわてたようで、さっぱりした気持で家に向かいました。もうこれ以上使ったら大変と本人も納得したのでしょう。

　ところで、さきはともき君が好きなんだそうです。大きくなったらともき君のお嫁さんになりたいとひとりで言ってひとりで照れていますが、昨日ともき君に「ともき君は何かしてると？」と聞いたそうです。そしたら「何もしてない」と言ったそうでさきは、「何かせんとだめよ。そして、ラ・サール中に入って東大に行かないとえらくなれないよ。おりこうのお嫁さんが来ないよ」と言ったんだそうです。ともき君は「ラ・サールてなんや。そんなとこいかん」と言ったとひとりでぶつぶつ言っておりました。おりこうのお嫁さんて誰のことだろうとおかしくなりました。最近は国語の読み書きもよくひとりでやっていますし、本も

よく読んでいます。いつも本を横においていますが、かなりの読書量だと思います。時には宮沢賢治の「グスコーブドリの伝記」や伊藤左千夫の「野菊の墓」などもよんでいる（眺めているだけかも）ようです。意味はわからないだろうに大声ですらすら読んでいくのでびっくりします。

しかし、幼稚園でかなり体をつかうのでしょうね。夜は、九時を過ぎるとバタンキューと夢の国へ行ってしまいます。よく学びよく遊び、今何でも知りたい、やってみたいと意欲満々のようです。いろんな経験をた～くさんしてほしいです。「お母さん、連絡帳に私のことたーくさん書いてよ」と言うさきです。今日は合格にしてもらえるかもしれません。昨日は、「み・じ・か・い」と言われました。（21日）

うめ

今、毎朝、男の子対女の子で「花いちもんめ」をしています。「○○ちゃんがほしい」の時、誰にするかを決める時、結構おもしろくて気に入ってる相手を言ってるようです。そして、さきちゃん、ニヤニヤ顔で「ともき君……とも君……」とそれこそ今朝言っていて、えっ、もしや？　と思いながらのこの連絡帳。やっぱりーでした。面くいかな？　それにしても私の知らないところでまあ、ベラベラお話ししているようで、もうおかしいやらまいるやら……。お利口のお嫁さん、きっと自分のこと言ってるんでしょうが。最高ですね。

今日は給食のお祈りで一人間違って「ごちそうさま」と言ったにもかかわらずへ～っちゃらで、「あははは間違えたあ」だそうです。ピアノの発表会、次回は「秋のスケッチ」とかいうのだそうで、「さみしい曲よ」と自ら言いに来ました。すっごく話もしてきますし、あ～連絡ノートでも伝えにくいのですが、さきちゃんと話したり見ていたりするだけでも私自身とっても楽しくて……。そういう私の気持ちがやはり自然に伝わるとさきちゃんも嬉しく楽しそうで。私もたくさん書いたから合格にしてもらえるかな。たくさんの本を読むさきちゃんがうらやましいです。なかなかよい本にであえなくって……いろんな本を読むのはとってもいいことですよね。　（21日）

幼稚園でも口がよくまわるんですね。三月にカワイコンクールにでるんです。その曲が「秋のスケッチ」という曲なんですがさみしい曲なんです。さきは、とびはねた明るい曲が好きなのであまりのってきません。だから「いい曲ねえ。素敵ねえ」と山ほど褒め、一小節弾いたら、「うわあ上手」と大げさに言ってきました。そのせいもあってかかなり積極的に練習しています。今夜は徹夜で練習するんだと張り切っていましたが、お兄ちゃんと

宮沢賢治の「注文の多い料理店」の朗読を聞いているうちにグースカピーでお風呂も入らずじまいです。いつも口ばっかりのさきですが、今日は幼稚園から帰っておばあちゃんと千切り大根の取り入れをしたそうで疲れたと言っていました（千切り大根が必要というかいられればさきに言ってください）。おかげでほっぺは真っ赤。ますます田舎っぺの顔になりました。でもいろんな経験をしてほしいので……。お兄ちゃんの家庭教師をしてくださっている川口先生を玄関先まで送るついでにみんなで空を見ます。冬の夜空はとってもきれいでお兄ちゃんにつられて「あれがオリオン座ね。あれは何座?」などと一人前に言っています。かと思うと「北極星ってなんや。ねえ、北極星ってどうしてあるとや?」等こちらがどう答えていいか分からないような質問をしてくるので、そんな時は「お父さんに聞こうね」と早々に部屋に入る始末です。明日はたこ揚げ、楽しみにしています。きっと今頃、たこ揚げの夢なんかをみているんじゃないでしょうか。さきのことですから自分がたこになって空をまっている夢かもしれません。

（21日）

うめ

さてまた笑ってしまいました。カワイコンクールのことはバスの中で井上先生に話したそうで、「私、東京に行くの。秋のスケッチを弾くとよ」と話したとか。でもこんなに話すということはかなりのってきてるんでしょうかね。ところで私、この連絡ノートでさきちゃんのおうちでの様子よ〜く分かります。もぉ目に浮かんでおかしくて、だからきっと園での様子もお父さんお母さん「さきちゃんらしいなあ」などと思いながら想像され、さぞおかしいことでしょう。けどきっときっとその想像通りそれよりもっとすごいかもしれません。先日水曜日に「お昼から、先生は花ヶ島幼稚園にお勉強に行ってくるね」と言うと「何時に帰ってくる？　お勉強終わったらお食事会やろぉ」。なんだそれ。今朝は今朝で「先生、私風邪で喉が痛いのにはるかちゃんが声を出させようとするよ〜」。はるかちゃんはただおしゃべりがしたいだけ。今日私がリュックにアンパンマンの手作りマスコットを下げていたら、「先生これどこで買ったと？」「ん？　作ったとよ」。「え〜、じゃああたしのも作ってよぉ」。お手紙なんかと違ってすぐにできませんが、こうやって言ってくれてとっても嬉しく暇を見つけて作ろうと思っています。

さてたこ揚げでは風が強すぎてた〜いへん。けれど、広々大自然の中、お弁当を食べたり草スキーしたり、もぉ、よだれのこぼれそうな笑顔でキャッキャやっておりました。自分が充分満足するとシートのないお友達に貸してあげる姿も見られました。園に帰り園庭で遊んでいると年長のお兄ちゃんとぶつかり、「え〜ん」。お兄ちゃんは、「ゴメン。お詫びにスーパーショットを見せてやる」とさきちゃんにみせてくれたものの、さきちゃんは興味なし。一日中いろんなことを経験体験しているさきちゃんです。「千切り大根」、私の得意料理です。明日さきちゃんにお願いしちゃおう。

(22日)

土・日と楽しいお休みだったようです。日曜の午後は淳君と一緒に遊んでいました。

さて、先生からのお便りを読んで家族で大笑いしました。特にお食事会の所。そしたら、「何がおかしいのよ」とさき。プンプン怒っているのでみんなで、「違う違う、幼稚園でのさきって偉いんだなあ、おりこうなんだなあと思って嬉しくって笑ってるのよ」と言ってようやく気を取り直してもらいました。さきはお食事会が大の大の大好きなんです。特に好きなのがホテルの食事や立食パーティー。お兄ちゃんのピアノの授賞式後のパーティーのことが頭にしっかり焼き付いているのでしょうね。この前の発表会は後のパーティーがなかったのでとても残念がっていましたが、そのかわり今度の日曜日に宮崎で会食が予定されているんです。さきにとってはとても楽しみにしていることだろうと思います。童話の読み過ぎでお姫様にあこがれているさきとしてはあの華やかさ……忘れられないのでしょう。「ねえ、お上品にすれば、私雙葉に行けるよね。そしたら王子様みたいな人のおよめさんになれるよね。頑張らなくっちゃ」と特に最近は雙葉、雙葉といやになるくらいです（お兄ちゃんの受験が後一年後で来月から塾のクラス編成などのことで家でもそのことが話題になることが多いからかもしれません）。

それから発表会のビデオを先生に見せると言って聞きません。「あんなの見せたって先生も大変よ」と言っても「見せるの。一部だけでいいから。お兄ちゃんの出ているのは見せなくていいから」と言いますので今日持たせます。初めての発表会だったので嬉しいのでしょう。始まりのバックミュージックはお兄ちゃんのへたくそな演奏です。（24日）

うめ

いいえいいえ……。是非ビデオでゆっくり見たかったので今夜は家族でビデオ鑑賞しま～す。お友達にも見せたいらしく「先生みんなにも見せていいよ」だそうです。それから「千切り大根」ありがとうございました。「土曜日に持ってきてね」と指切りしたこと覚えていたのかなあ。今日もさきちゃんはとし君のウサギの目が離れていると言えばとんでいき、心配してやりはるかちゃんのみみがくっつかないと言えば「色を塗ったらくっつくがー（それじゃあくっつかんだろ）」となぐさめてやり……大忙しのようです。この前、「おばあちゃん、誕生日で六十歳になったっちゃが」と言っていましたよ。今、「先生指切り、明日

ビデオをみんなに見せてから返すとよ……」と約束させられました。（25日）

お友達にはビデオはちょっと難しいですよね。さきには私から話をしておきますから大丈夫だとおもいます。そのまま返してください。本当になんていう子でしょうね。幼稚園ではとにかく一生懸命体や頭や口をつかっているのでしょうね。九時を回ると上のまぶたが降りてくるようです。お父さんに本を読んでもらって寝ているこの頃です。お父さんは仕方なく読んであげているようです。さきは、「今日は何にしようかな」。お父さんは、「できるだけ薄い本がおもしろいぞ」。さきは、「長いお話にしよう」と本棚から選んで持って行くようでした。でも今夜はお父さんがお兄ちゃんに版画を教えていたのでさきもそれを見ているうちにグーでした。（25日）

うめ

ビデオ見ました。見ていたら、姉が帰ってきて、「ちょっと……コレもう返さんといかん？　ゆっくり見たい……。すっごくうまいねえ。みんな」と言っておりました。そしてさきちゃんのところを見せ、「ヒエ〜年中さんでこ〜んなに手の形がよくって……何と言ってものってる」。本当にあらためて見て感動しました。あの時の個人資料とあわせながら見て……お兄ちゃんのも見ようと言って、でも入ってなくて残念でした。子ども達に給食後でも見せたいと思います。もう少し貸してもらってもいいでしょうか。（26日）

ありがとうございます。先生の感想をさきに伝えようかと思いましたがすぐに図に乗るさきです。今度は幼稚園中のお友達に見せてなんて言われたらかないませんのでいつかまた、折を見て伝えたいと思います。お兄ちゃんは前にも書いたのですが、最悪のできでおじいちゃんやおばあちゃんにすら見せられないような演奏だったんです。しかし、「人間だもの、そんなこともあるさ……」とは当のお兄ちゃんの言葉。自分でビデオを見て「キャーハハハハハ」と笑い転げ、「キャーハハハハ。こりゃひどいっちゅうもンじゃない。おかしい。漫才よりもおかしい」と何回も巻き戻して見て、やっと真面目に「誰にも見せられん」。しかし、こんなのも良い思い出なのでありますし、何時の日かさきがこのお兄ちゃんの失敗にはげまされることもあるかもしれないですよね。本当に人間ですもの、いろんなことがありますよ。第二部のデュオと第三部のビデオも良かったらどうぞ。最後にお兄ちゃんと私のあいさつが入っていますがこれはちょっと恥ずかしいです。（26日）

うめ

そうです、そうです。「賢くなることを教えるには自分の失敗を伝える」ことも大切なようです。今日は水曜日、お食事会も研修会もないので帰ってゆっくりビデオを見せていただきます。さきちゃん、「お兄ちゃん下手やけど笑わんでね」だそうです。……お兄ちゃん思いですね。

(27日)

うめ

ビデオ見せていただきました。家族中で感動し母なんか涙を流しておりました。豊樹君のピアノに対し簡単に「すごいね」「うまいね」と言えないようなものすごいものを感じ……ただただボーッと見入ってしまいました。「月の光、ドビュッシー」ですよね。三回も見てしまいました。あの曲、私も弾きたくて楽譜あるのですが、豊樹君を見ると私なんか話になりません。それからあいさつもすごーい。上手ねえと言って感心し、お母さんについて話しているところでは大笑い。なんて表現力があるのでしょう。やっぱり本をよくよんでたんでしょうね。お母様のお話もドッポリ聞き入ってしまいました。豊樹君の育った環境からさきちゃんの周りの環境も分かりましたし、本当になにか良い映画でも見た後のようにい〜気持ちになりましたよ。本当にありがとうございました。これから……豊樹君も言っていたようにお勉強も大変でしょうが、とにかく頑張ってほしいと心から思います。時には牛のウンチを見ながらアイスペロペロして……ね。今日のおもちつきつくことよりもまるめることがおもしろかったらしく、粘土か石けんのようにペタペタゴシゴシまっしろになってやってました。

（28日）

ありがとうございます。豊樹も宮越先生のお便りは楽しいと言っていつも読んでいますが、今日は読んで「ひえー。あの月の光を三回も……。冗談じゃない、恥ずかしいよう」と言ってましたがでも嬉しそうでした。我が家は、テレビドラマになってしまいそうなくらい毎日毎日いろんなことが起こり、その度に単純な私が一人で悲しんだり喜んだり騒ぎまくったりして家族が振り回されてきたようにも思います。しかし、どこの家でもだいたい同じですよね。長い人生ですものいろんなことがありますよね。でもどんなにつらいことがあってもそれを良い方に良い方に考え、なぜかいつもハッピーエンドで終わらせることができるのも我が家の良い点だと自負しています。今日はお餅つきがあったことを話してくれましたが、「おみやげがあったけどね、食べちゃったから……お話だけね、白いのが二個と赤いの一個……ね」と楽しかったもちつきのみやげ話を聞きました。今日は風邪をひいているからと首にタオルをまいて田舎っぺさきスタイルで過ごしていました。なぜかこのスタイ

ル気に入ってるようです。

（28日）

うめ 風邪で頭が痛い痛いと言うので熱をはかってみましたが熱はなし。その後、ちょうどみんなに発表会のビデオを見せました。……それから後はゲンキ、げんき。今日子ども達にビデオを見せて正解でした。子ども達みんな「さきちゃんの発表会？　わあ～さきちゃん」と興味津々。真っ白なドレスで登場してきたビデオのさきちゃんとそばにいる生身のさきちゃんとをニヤニヤと男の子も女の子も見比べ、わあー、すげーなどなど。私も子ども達の反応に驚きました。もちろんさきちゃんは照れて。でもあの曲は子ども達、好きになったみたいでさきちゃんが弾いてるのを聞きながらリズムに合わせて体を動かし歌っていたんですよ。さきちゃんそのうち得意顔で次はかおりちゃんよ……とか解説していました。お弁当の時、なぜか「うちのおじいちゃんはもう年寄りよ。しちじゅうよ」「さきちゃんこそしちじゅうじゃないの？」というような口調で話していました。その後も私のことを美里ちゃん達に話していました。「先生は二十一歳なとよ。……都農に住んじょるとよ……松原よ（いばーって）……」と。ビデオありがとうございました。

（29日）

一月も終わりますね。今月もどうにか元気に過ごしてくれてよかったです。頭痛はまだ少しあるようですが、幼稚園から帰って眠っていたようです。大事にならなければいいがと思っています。明日はピアノの仲間でのお食事会です。さきにとっては病気になるわけにはいかないはずですが……。体調が悪いせいもあるんでしょうが、おじいちゃんおばあちゃんにもわがままを言ったそうです。先生にもわがままを言ったのではないでしょうか。さきのビデオをお友達もそんなふうに見てくれたとは私も驚きましたがさきも驚いていました。やはりみんな音楽教室なんかに通っているからでしょうか。先生のこと、家でもよく話すというかよく覚えているというか……。おじいちゃんの年はあてずっぽですよ（おじいちゃんはしちじゅうではないので）。主人が「この連絡帳を見るのが怖い」と言いながら実は楽しみに読んでいるのですけど、「我が子がこうじゃ、他人の子の事をどうこう言えんなあ」と今朝もぽつりと残して出かけました。

（30日）

うめ

俊君の連絡ノートに「さきちゃん上手だった」とビデオのことを話したことが書いてありました。やはり印象に残ったのですね。昨日は、やはり調子が悪かったらしく帰りバスで少しぐずっていたようです。今日は誕生会後のおやつがカスタード（パン）で、さきちゃんトコトコやってきて「先生飲み物とかないと?」今までもなかったのに。「あら、なんで? さきちゃんほしいの?」と聞くと、しばらく考えて「えっ? ああ、うん、みんながのどかわくかなあと思って」だそうです。 (30日)

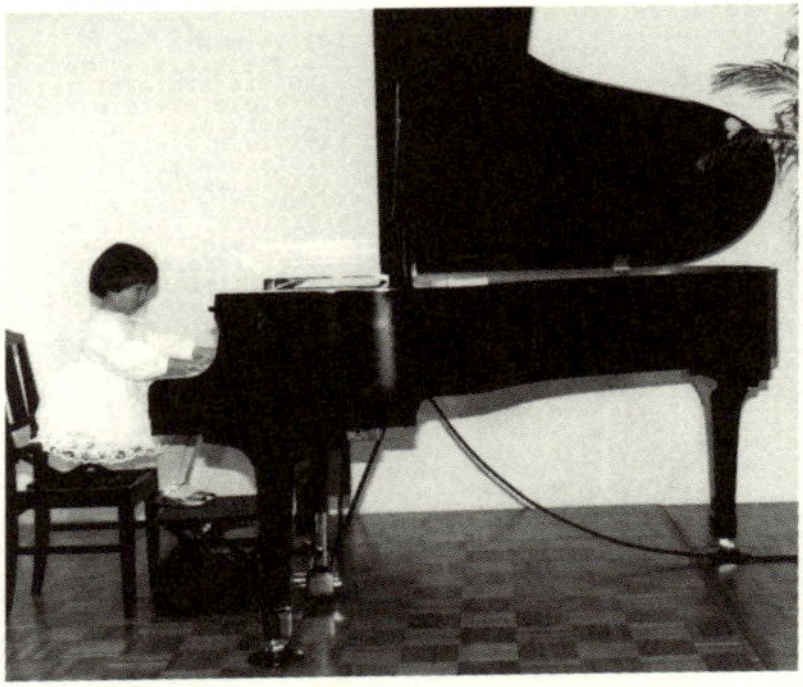

今、振り返って思うこと⑨

お金の使い方について

小さいときからお金のことを教える必要はないと言われる方が多いように思いますが、私は、これも小さいときからそれなりの金銭感覚を養っていくべきだと思います。物を大切にする子どもも金銭感覚を身に付けることで育つのではないでしょうか。お金は一般的に保護者（お父さんやお母さん）の労働の対価であり、一円たりとて粗末に扱えるものではありません。労働の対価に見合うだけのものに使ってほしいです。以前おもちゃは子どもの発達を促してくれるものと思っていましたが、最近のおもちゃはどうなんでしょう。ゲームにしても然り。絵本はよくどんなものがいいでしょうか、と聞かれることがありますが、おもちゃはあまり聞かれません。おもちゃについても真剣に考える必要がありそうです。

二月
うめの花は咲いたかな?

早いですね。二月です。ずいぶん元気になりました。（1日）

今日は避難訓練がありました。台所から火がでたという設定だったのですが、終わった後もさきちゃん、「先生台所、火が出たと？　もう燃えたと？」ずっと気にしていました。（1日）

さきは訓練というのが何なのかよくわかっていないんでしょうね。小学生でもそうですから。さきはあんなふうですが神経質な面もあって（ほんの一部ですが）、火事とかそういうものに対してはとても気を配ります。先日も伯母から電話がありまして（私がちょうどてんぷらを揚げていたんですが）、さきが電話に出てくれました。さきは、「はい、西村ですけど……。いるよ。でもね、今油で揚げてて手が離せないから後でかけてね」ガチャン。「ちょ、ちょっと誰からなのよ。大切なご用かもしれないのに代わらないとだめでしょ」「油を使っているのに危ないでしょ。津江のおばちゃんからよ。後でまたするからってよ」てな具合で確かにさきの言うとおりなんですが。火事となるとやじうまのさきでもあります。「行ってみよう、行ってみよう」としつこいです。今まで二、三回、目の前で見ているんでよね。だからよけいに火事は怖いのかもしれません。絵本袋、月曜日に持たせたのに持って帰るんですね。いつも先生に貸していただいてすみません。

（3日）

うめ

なんだかさきちゃんらしい気がします。でもとってもいいことですね。「百聞は一見にしかず」五歳にして目の前で二、三度みてるならきっと火の元には注意するようになるでしょうね。今日は豆まきをしました。さきちゃん、豆拾いに夢中で終わった後一人で背中と腰をまるめて……歩いていました。なぜ？　なぜってさきちゃんは豆をたくさん拾いすぎてスカートの中にどっさり。

（3日）

「今日はね、豆をたくさん拾ったとよ」とにこにこのさき。家でオニのお面を作り豆

をおいしそうに食べていました。私も一つごちそうになろうとすると「だめ。これは私が明日食べる分よ」。人よんで「ケチのひねくれマン」。その名の通り世の中のケチを一人でうけもっているようなさきなのです。今日も田舎っぺスタイルでこの寒い中大根ぬきと千切り大根干しの仕事をしたようで九時前にはグ～でした。二月からピアノのレッスンがあるというのに、あんなに弾きたかったピアノなのに、三十分くらいで終わりなんですから全く口ばっかりのさきです。

（3日）

朝起きて、「お母さん、連絡帳もっと書いてよ」と不合格のようです。今朝は早起きをして、ふりかけご飯にお茶をかけて（ふりかけをわざとお茶漬けと間違えたふりをして）お行儀の悪い食べ方をしながら私の方をチラリチラリ……。ピアノの練習のことを話すときまり悪げにお兄ちゃんの方を見てました。「お兄ちゃんは一日だって練習をしない日がないでしょ」と言うと「そりゃそうだなあ」という顔でした。そうしているうちにお茶をこぼし、「や、やばい」とさき。お兄ちゃんからは、「なんだその言葉は」と言われました。何を考えてんだかわからないさき。しかし、ご飯が終わるとピアノに向かって練習をしていましたので、やるきは十分のようです。「今日だけは」の妥協はおけいこ事には禁物なんですよ

ねそんなことを言ったりしたりしていると、子どもは伸びるどころか逆に弱い子になります。さきも四月からはしっかり頑張ってもらいます。

（4日）

うめ

豆の一つや二つ……分けてくれればいいのに。でも人生を生きぬくにはこのくらいの根性（こんなの根性というのかな）がいいかもしれませんね。昨日ＮＨＫでひなた村幼稚園というところの生活があってて、そこの子達はにわとりやいのししと生活しその中で卵をとったり木に登ったり何だかとても伸び伸びしていてすごく強い子達に見えました。自然から教わることはたくさんある、大人達が教えることより……。さきちゃんも寒い中大根抜きや千切り干し……手も冷たいでしょうに……きっと何かを少しずつすこしずつ学んでいるんでしょうね。今日は、お弁当を外で食べました。「先生、おにぎり五個よー」と喜んでいました。

（5日）

今日は参観日に行けそうにありません。明日は上新田小学校の創立五十周年祭があり、月曜日との入れ替えで午後も勤務です。降園時に迎えに行きます。さきは納得してくれましたが、園に行ったら寂しくなるのではないでしょうか。

（6日）

土曜日は泣いているのではないかと心配していましたが、先生と元気に縄跳びをしているのを見て安心しました。ありがとうございました。また、近所に不幸がありまして昨日からお手伝いです。もちろんさきもです。人生の最期をよく思わされるこの頃です。自分がもし死んでしまったら何より心残りなのは我が子のことです。できるだけ自立心をつけてやりひとりで生きていける子どもにしておきたいと思います。まずは自分の身の回りの始末からきちんとできる子にしつけておかなくてはと今までも思ってきたのですが……。

お兄ちゃんは来春から寮での生活が始まるので今年一年、さらに生活指導と心の指導を徹底しなくてはなりません。そんな兄の姿を見てさきも何かを感じ取ってくれればいいのですが。土曜日久しぶりのピアノのレッスン。待ってましたとばかりルンルンで出かけましたが点数は八・五。お兄ちゃんは十点満点。さき曰く、「久しぶりだからそんげ練習できんかったっちゃわ……」と八・五に不満(世の中そんなに甘い物ではありませんよ)。今日からまた頑張ることでしょう。（8日）

うめ

参観日、結構ケロリとしていたようです。縄とび……お母さんの姿になかなか気づかないさきちゃんを見て「ああ、こんなに熱中しているんだ。周りが見えないんだなあ」と思いました。今、レッスンのことさきちゃんに聞くと、大笑い。「えっ……教えなあい」とニヤニヤ。「どうして？ どうだったの？ 教えてよ。あんまりできなかったの？」「へへへっ教えなあい。だめだっ……」と言いかけて「あっ、言ってしまったあ」とあわてて口をおさえ大笑いしてしまいました。全くつい口がすべって……ですね。今日はパンの袋を捨てる袋……ただのビニールですがバラの花がたくさんのっててそれを見て「きれいねえ」と長友ゆりちゃんと二人で言っていました。やっぱり女の子ですね。

（8日）

はるかちゃんのスカートは見あたりません。見つかったでしょうか。ところで昨日はピアノのレッスン……さきにももっと本腰を入れて教えなくてはと反省しました。お兄ちゃんの東京で演奏する曲もどうにか暗譜もして当日まで弾き込めば良しとなりました。やっとこれでお兄ちゃんのピアノも終わりかと思えるようになりましたので少しはさきに目をむけなければと思っているところです。

（12日）

はるかちゃんのスカートはまだ見つかっていません。東京での演奏きっとすぐきますね。何を弾くんですか？ またビデオとったら是非見せてください。さっき、さきち

ゃんがやってきて、「先生私のもう書いた？ まーた、変なこと書くっちゃろう」というつっこみがきました。「変なことじゃなくてさきちゃんのことよ」ということは？？ 「みにくいアヒルの子」一生懸命読んでいました……とその後「咲君、これ最初に出したの咲君、ちゃんと片付けておきなさいよ」。はっ？？ たまたま最初に出したのは咲君でしたがそのままそれを引き続きさきちゃん必死で読んでいたくせに……。ちゃっかりしています。（12日）

なんという子でしょうか。さきは家でもそうなんですよ。だからよく注意されます。図々しいのひとことですね。今日は迎えに行きます。（13日）

昨日はピアノがお休みでしたので久しぶりにお習字に行きました。さきの習字は性格がそのまま出ているのでおかしいです。元気が良すぎて紙からはみ出ることもありますが、そんなさきの字を大山先生はとても褒めてくださいます。形なんかにこだわらずとにかく「うめ」と書きました。今三級に挑戦ですが、是が非でも合格するのだと帰ってからも練習していました。昨日は松田先生、お父さんとお兄ちゃん、お兄ちゃんの家庭教師の川口先生にチョコレートをすっごく照れながらあげました。しかし、お父さんとお兄ちゃんには

「はあい、一列にならんで。バレンタインおめでとうハイ。でもね、中を食べたら外の入れ物は返してちょうだいね」と言い、お兄ちゃんから「なんやあそれ〜。ぜんぜんありがたくねえ」と言われてしまいました。今日はお兄ちゃんを塾に迎えに行ってお兄ちゃんのお友達の山崎君にもあげていました。それから宮日ジュニア展を見に行って幼稚園・保育園の子どもたちの作品をじっと見ていましたが、どう思ったのでしょうか。宮交シティでゲームをして遊びまくっていましたが、コインを三十枚使い切れず今度また塾についてきて続きを遊ぶのだそうです(今お兄ちゃんの塾が宮交シティのカルチャーセンターであるので迎えに行きたがるんですよね)。遊びマンのさきですがなかなかがっちり使い方も学んでいるようです。夜はきちんと公文もやり(さっさと済ませ私天才かもしれない、なんて良くできるんでしょ、と独り言をいいながら)、ピアノも二時間くらいやりました。根性もついてきつつあるようです。一日よく遊びよく学び最後はお父さんに本を読んでもらってグーでした。(14日)

うめ

さきちゃんのバレンタインはいいですね。昨日は新しいエプロンをつけて……。「あっ、買ったの?」「えへへ」「どこで?」「宮交シティの……ほらっあのゲームをして……あそこよー」とまーたゲームをしてしまったことを嬉しそうに話していいのか、ちょっぴりおかしいな、かくしとこうかな？　というような意味ありげな口調で話してくれました。
今日は「おむすびころりん」を読み聞かせして絵を描かせました。それぞれ想像する場面も違うしなかなかおもしろくてさきちゃんの描いてきた絵、白髪に白ひげ……そして何といってもおでこに二本のしわのあるおじいさん。お話の中で特にしわしわのおじいさんとか白髪とか言わなかったのにいろんなこと想像したんでしょうね。「お母さん、人間ドッグに行ったから入院するとよ」と言うのでわざと「ブルドッグの間違いじゃない？」と茶化すと「違う、人間ドック、先生知らんと？　体とか調べるとよ」と逆に言い聞かされてしまいました。

（16日）

私が辞書をひいていると「先生、ちゃんと箱の中になおしとかんとだめよー。使ったらなおしないよ」「はあい、でもまだ使おうと思って」

（17日）

感想画ができたんですね。どんな絵が描けたんでしょう。楽しみです。十五・十六と人間ドックに行ってきました。始めは病気か何かと思ったのでしょう。とても心配して「お母さんが死んじゃったら私も死ぬ」と涙をいっぱいためて言うので、そうじゃない

ことを話してあげました。とたん、「やったあ、おばあちゃんちにお泊まりだあ」とケロリ。その上今日帰ってきましたら、さきは焼き芋を食べたとかで顔に黒い炭をつけたまま。「お帰り。どこか病気だった？　元気だった？」と聞きますので「元気だったよ」と答えますと安心したような顔で「そうよかったね。……あ～あ、またその元気で私をおこるのか……」とつぶやいたさきでした。私のいない間しっかり遊びまくったのでしょう。顔には汚れをつけたままお風呂も待てずにグーでした。何のかんの言っても一番幸せなさきです。（17日）

うめ

さきちゃんのつぶやき笑ってしまいますね。そうでした。人間ドックにお母さんが行ったことと同時におばあちゃんちにお泊まり、張り切っていたようでした。今日は仲良しのはるかちゃんが初めてお休みで、「はるかちゃんは？」と何度か心配して聞いてきました。鉄棒をしているとさきちゃんのかわいいミッキーマウスパンツがドーンと見え、「わっ、かわいい、先生もそのパンツほしいなあ」と言うと「まるき屋にあるよ……。あっ、でも二十一歳用はリボンがついてるのしかなかったわ」だそうです。人間ドック異常なくてよかったですね。（18日）

人間ドックの結果はまだ一週間しないと分からないんですけど、でもたぶんたいしたことないと思います。昨日も真っ黒けで帰ってきましたので、「何その手？」と言いますと、「焼き芋とからいもとサツマイモを食べたとよ」とプンプン怒って言うのです。そばで勉強していたお兄ちゃんが吹き出して「ひょっとしてみんないっしょじゃないと……」。そ何が何やらわからないさきです。そして、私の新しいブラウスを見て、「あら、お母さん、そのブラウスかわいいわね。小さくなったらちょうだいね、ねっ、いいでしょう」と言うので、「いいけど……」と言って私がこれ以上太るということかそれともブラウスが縮むということなんだろうかとさきの言葉をいろいろ考えてしまいました。まだまだ自己中心的な考え方のみで生活しているんですね。

（19日）

毎度何か必ずボケがあるさきちゃんですね。最近グリンピースという妙なじゃんけんゲームがあってさきちゃんも覚えたらしく、「先生しようや」と、負けるくせに……。私も勝ちを譲らない。もう一回……何度も挑んできます。負けず嫌いですよね。今日はお弁当のご飯を少し残し「先生食べれなあい」と、いつもはこんなことでは泣かないのに泣いていいに来ました。調子が悪いかな。

（19日）

少し体調を崩しているようです。今日お迎えに行って病院に連れて行きます。

（20日）

うめ

今日はかわいいお花を持ってきてくれありがとうございました。が、「お花が枯れたら返してね。お母さんが言ったから」と言われました。おやおや？「先生のお母さんもお花が好きって言ったから持ってきたとよ」などやさしい言葉を言ってくれ本当に有り難いことです。

（20日）

喘息が出ているとのこと。少々気分が悪くなるかもしれませんがそうたいしたことはないと思います。よろしくお願いします。

（22日）

うめ

園の方ではほとんど咳もせず大丈夫のようでした。お料理ごっこ、お肉は一つずつそーっと入れてね、と言いさきちゃんの手を見るとしっかりわしづかみでお肉が三つ……まあ、いいか、でした。

（22日）

家でも咳はずいぶんおさまりました。お料理大好きのさきですからきっと大張り切りだったんでしょう。「今日はね、お料理ごっこでね、おでん作ったたっちゃが……」と、とても嬉しそうに話してくれました。昨夜はバレエで先生とお会いできてまたまたご機嫌でした。「バレエを習わせて」と言っていたさきですが、昨夜は「やっぱりバレエはしない。ピアノと公文の方がいいわ」と言うので、「どうして？」と聞くと、「だってむずかしそうだもの」ということでした。

日曜日にピアノの第一回目のリハーサルがあって、「お母さん、私が一番下手じゃったね。もっともっと練習するわ……」とめずらしくしんみり……そしてそれからはやっているんです。ピアノをする時のさきはいつもと人がかわったみたいで年を感じさせないんです。「ほらクレッシェンドが足りんじゃろ。左手のバランスが悪いじゃろ……」とつい私もお兄ちゃんに言うように言ってしまうんですが、恐ろしいほどの集中力と目つきでその言葉についてくるんですね。終わったらしっかり抱きしめて「すごいね、さきちゃん。えらいね……」といっぱい褒めてあげるのですが、さきも大満足のようです。今日は先生に妙なことを尋ねるかもしれません。「昨日のバレエの人達は人形が踊っているの」と何回も聞くので「人間よ」と言っても信じてくれないのです。「先生に聞いてみよう」と言っていましたので。（23日）

うめ

昨日のバレエは本当にすごかったですね。母も「あら、さきちゃんどこに行った？あらっ、お礼を言わんと……」なんてキョロキョロ。帰りの車のなかでは、「さきちゃん、今度はバレエをするって言うっちゃないやろか」なんて話して帰ったことでした……が今はかなりピアノに夢中のようでやる気がある時はすごく伸びますよね。頑張ってほしいです。妙な質問の方はしてこなかったので、こっちから「昨日すごかったねえ」と言うと「うんすご～い」。そして「お人形みたいだったね」と言うとあらっ？という表情になり、お人形みたい？　あれあれ？　不思議そうな顔してやっぱりお・にん・ぎょうじゃないの？

と信じられないような顔になり何だかわけわかんない、という感じでした。引き続き今日お料理ごっこ、説明の時などいつも一番前それも私の横で一生懸命見てました。子ども達降園後、先生方の分を台所で作っていると、そこへ「あ～おでんのいいにおいがする～」とスポーツ教室が終わったさきちゃんが。まいった。さすが鼻もいいようですね。（23日）

恥ずかしいですね、うちのさきは。スーパーなんかに行っても試食のさきなんですよ。何回言い聞かせてもだめだったんですが、最近は「雙葉に行けないよ」と言うと三回

のところが二回くらいに減りましたが。「食べてみらんとわからんじゃろ……」がさきの言い分なんですよ。しかし、確かにそうなんです。私の見栄の方がいけないのかなあ……なんて帰り悩んだりしまして。情けない母娘なんですよ。ピアノを弾く時の真剣さが日に日に違ってくるので何だか私の方がルンルンです。さきもこんなに嬉しいことはないというような笑顔で「楽しい～」というのにはビックリと共に他のことも日に日にしっかりした態度がとれるようになってきているようです。もうすぐ年長さんですものね。今みんなぐんと成長する時なんでしょうね。母親にとって娘は息子とは違ったかわいさがあるんですよね。さきといろいろ話せるようになってきているのが嬉しいこのごろです。（24日）

うめ

「先生、私のもう書いた？　今日はなんて書くと？」と言って連絡ノートのチェックが今し方さきちゃんより入りました。試食食べてみらんとわからんじゃろ……そうですよね……でも、お母さんの立場とはまた違ってるでしょうが。私もさきちゃんと話すのが楽しくって……「今日先生お食事会よ」と言うと「えっ、どこで？」「宮崎」「お母さんもいくと？」「ううん、違う」「ああ、先生達とね」何だか私が先生に話しているようで……おかしかったです。森たかよし君とさきちゃんの会話。「私、たっちゃんち知ってる」「ふ～ん」

「お洋服やさんやろ？」「ちがうよ」「あら、ほら自転車やさんがあるわあ。知ってる？」「うん、近く」「ほら、おもちゃやさんもあるやろ。あの近くじゃろ。知ってるって……でもいろいろあってわからんわ」だそうです。さきちゃんよりたっちゃんの方がくわしいのに、さきちゃんの方が「あそこを知ってる？　あそこは？　あそこは？」と自分の家を説明してるようでおかしくて……。

（25日）

今日からお兄ちゃんの塾の特訓が始まりました。高鍋駅四時三十三分発の「にちりん」で南宮崎駅まで行き、帰りは高鍋に九時七分着のホームライナーで帰る予定ですが今夜はみんなでお迎えに行きました。車の中でさきはしっかりグー。帰ってから公文とピアノをしました。ピアノは泣きながらも歯を食いしばって頑張っていました。お兄ちゃんは、これから週に三回特訓があります。大変です。週二回は家庭教師の先生がみえるのですが、そんなお兄ちゃんを当然という目で見ているさき。さきも「私もああやって勉強するのよ」なんて思っているのかもしれません。いやきっとそう思っているでしょうね（我が家は破産しそう……）。お兄ちゃんは塾へ行ったり勉強するときは目がランと輝くんですよね。だからさきは塾ってよっぽど楽しい所だと思っているんですね。勉強やピアノもきっとやってい

ればいいことがあると思っているのでしょうね。でもお兄ちゃんも三年生の時まではよく遊びましたから……。さきもこの自然の中で思う存分遊んでほしいのですが（心配しなくても遊びまくっているのでした。顔が焼き芋の炭で真っ黒になったり、千切りかけの手伝いに大根掘りと……自然の中にうもれるほどでした。忘れていました）。私が帰ってからは本を読んだり勉強したりしているものですから。毎年の我が家の行事、おひな様作りが始まりそうです。先生にあげたいのだそうです。

（25日）

うめ

連絡帳を読んでる横でさきちゃんが「スーパーマン」と言ってちり箱の上に腹ばってておかしくて……お弁当の時ゆで卵が上手におはしではさめず手でいったん取りそれをはしにはさんだのですがポトッと下へ。あわてて机の下にもぐりこみ、拾い、私が口出すひまもなく机の下で腰をかがめた状態でパクッ。ああひぇ～。手遅れ～。私がジーッと見てるとチラリこっちをみて、「ああ、おいしくないから半分しか食べんかったよ」等と弁解。いいえ、私は見ました。彼女はきれ～いに丸ごと食べました。白身の方を後で残したようですが。お兄ちゃんもうすぐ最後のピアノ演奏会ですよね。お勉強もピアノも頑張って。

（26日）

「さきちゃん、どうして落ちた物を食べるのよぉ」「分かったって分かったって。もうおばあちゃんからも叱られたんだからもうっ。分かったよ、分かったよ。ちょっと拾って食べたのに……かわいそうな私……」。お兄ちゃんからも「そんなことしたらみんなにきらわれるぞ」と言われ、お父さんからは「雙葉には行けんね」と言われました。しかし、さきはちっともめげてない様子です。次に同じ場面に出くわした時には何か考えて行動することと思います。この頃の子どもって（お兄ちゃんもそうでしたが）一つ一つの行動や言葉が次への生活への学習になることが多いのでよ～く見てよ～く話してあげると（納得いくまで）、その成果が実によく現れるので楽しいですよね。もう三月ですね。先生におひな様を作ってあげるのだと張り切っていますができあがりますでしょうか。

（26日）

今、振り返って思うこと⑩

健康教育をしよう

子どもだけでなく私達は健康が一番です。食育の大切さ。分かっているのだけれども忙しいとつい後回しになってしまうことも。ある本に「食育とは日々の食事を通して本当に良い食べ物を選ぶ知恵や味覚を育てること」とありましたが、私は子育てにおいて食育を怠ってしまいました。怠っていたというか軽く見ていたんだと思います。子どもに申し訳ない気持ちでいっぱいです。添加物や農薬についてはかなり気を配っていましたが栄養のバランス等の配慮が足りなかったようです。食だけでなくシャンプーや歯磨き、洗濯洗剤などの経皮毒についてももっと情報を集めるべきだと思います。

三月　うめ組さん　ありがとう

もう三月ですね。かわいいおひな様、早速かざりました。先生へのおひな様はどうも出来上がりそうにないですよ。ところで遠足はさきの弟分の真之介も一緒に行かせたいようなんですがよろしいでしょうか。昨日ちゃんと保護者以外の申込書を書いていたのにどこかへいっちゃってないんですよね。すみませんがよろしくお願いいたします。（2日）

外から上がってみるとピアノの上に裸の千円札がで～んと。誰？「私よ、真之介君も行くから」とのことでした。さきちゃんはおっかし～んですよ。先日もみんなは、ぐるぐる回る遊具で遊びたい、さきちゃんは鬼ごっこした～いということで、「じゃあ先に遊具をして鬼ごっこしよう」と言ったのですが「イヤーッ」と泣いたその場所が滑り台。それも登るために作ってある木製の部分に腹ばって、器用なことするなあと思って見ていたら、

泣きながらスルスルスル～スル～とずり下がって大泣きしているくせに大笑い。そしてまた我にかえって大泣き。もぉーそれはそれはおかしくて……見せたかったですよ。それから今毎日「うさぎさんがきてね」という歌を歌ってます。いつもさきちゃんの歌声がよ～く聞こえて、この歌はイコールさきちゃんというイメージがとっても強くなってきています。是非お家でも歌わせてみてください。とってもとっても上手ですよ。

（2日）

わがままなんですね。さきは。きつく叱ってください。わがままな時は自分でも分かっているはずですから。昨日は幼稚園で泣いたことやいろいろと注意してましたら、「今日は私叱られてばっかりじゃね」とさき。七時前まで田んぼで遊んでいておじいちゃんに送ってもらって帰ってきたんだそうです。私はちょうど買い物に行って留守をしてまして、さきは一人で台所にいたらお兄ちゃんの家庭教師の先生がみえたのでお茶の用意をしたんだそうです。自分のお小遣いをはたいて家の前のお店でジュースとかお煎餅とかを買って、ガラスのお皿にスヌーピーのナプキンを敷いてちゃんと並べて、二つのコップにはきちんとジュースが入っててお盆にのせてありました。ただただ感心して「えらい」と思ったのですが、「さきはまだそんなことしなくていいのだ」といろいろと話をしてきかせました。

（3日）

うめ

わぁ〜。本当にただただ感心。びっくりですね。また、さきちゃんの違った一面を見たような気がします。今日は待望のおひな様を持ってきてくれたものの……。おだいり様の顔が……落としたらしくないのです。「先生、落とした〜。ないとよ。まだあるかい、いいが」と訳の分からないことを言っていましたが……。「あ〜、これで私ま〜だま〜だお嫁には行けないな、おだいりさまあ」と思いました。今日は卒園生へプレゼント、「デカルコマニー」をして部屋に広げて乾かしてました。一人女の子がそこをぴょ〜んと飛び越え、ステ〜ンと転び……あらら。そこへさきちゃん一言「いいがいいが、乾いてるが。許してやんない」。たんたんとしているというか……まいります。

（4日）

おひな様、ありがとうございます。とっても可愛くて……。子ども達のも見せ、「わっ、ぼんぼりもある……わぁーすげー」と圧倒されていたようす。昨日はお疲れ様でした。……ひとつお利口になりました。

（6日）

うめ

本当に早いもので平成四年度も残り一週間足らずとなりました。この一年間いろんなことがありましたね。家庭訪問でピアノを弾いて聞かせてくれたり、母の日父の日には絵を一生懸命描いて賞状をもらうと張り切ったり、参観日にはお母さんが来られなくても一人で頑張ったり……。ふっと振りかえるとあんなに小さな頭と体で毎日まいにちいろんな事を経験し泣いたり笑ったり……していますね。さきちゃんはとってもしっかりしているようでシレッと帳面も連絡帳も出さず、月曜日に持ってきたタオルや上靴は持ってきた時と同じ状態のまま。あ〜今日はもう木曜日……。「ちょっとさきちゃん」ということも。何か忘れたりすると即座に「うちのおばあちゃんもお母さんも忘れん坊で……」と答えたり自分が何かしでかして私が笑ったりすると「ちょっとぉ、連絡帳に書くちゃろ」とつっこんできたり。しっかりしているというかちゃっかりしているというか……。でもとっても明るく伸び伸びしていてしたいこと、やりたいこともどんどん言ってきて「先生あれしようや……おもしろいわー」とかこの間なんか「先生あれ歌おう、私、あの歌好きやとよ」と言ってきた歌とはクリスマスの「あわてんぼうのサンタクロース」「ちょっと〜今二月よ」「いいがやー」なんてしょっちゅう。

お友達との仲はやはり一番の仲良しははるかちゃんで、この二人は二人だけで仲良くする時はとってもいいのですが間に一人入ると二人の間にスレ違いというか二人が同じでないとケンカになって、必ずさきちゃんがビービー泣くのです。いつも対等でないとだめのようです。先日お母さんの連絡帳にあったように、さきちゃんがわがまま言う時は自分でわかってやってることありますよね。そこで手を貸すとますます甘えてきたり、貸さないと貸すまですねていたり。いつもそんな時は「手をはなせ。目を離すな」と自分に言い聞かせ、また、ずーっとずっと先の目的、子ども達に強い心と優しい心を持った人になってもらうためには……と思いやってきました。手を貸したい気持ちと、本当にいつの日かのさきちゃんにとって良いこと……を考えると、もぉーさきちゃんと私の根比べだったり……。本当にいろいろありました。

もう後一カ月で年長さん。またクラスも替わり新しい経験などたくさんしていくことと思います。どんな時もしっかり考え頑張ってほしいと思います。一年間私も楽しく充実した日々を過ごすことができました。本当にありがとうございました。また、来年度もよろしくお願いいたします。

（10日）

今、振り返って思うこと⑪

子どもに嘘をつかない

「嘘つきは泥棒の始まり」と言われて育ったせいか子どもが嘘をつくととても心配しひどく叱ります。しかし、逆に親がその場しのぎの嘘をついていることもよくあります。

我が家は長男が生まれた時に主人が提唱した子育てルール第一号が「子どもには絶対嘘をつかないようにしよう」でした。確かに小さな嘘の積み重ねが親への信頼を失ってしまいます。約束を守る守らないだけでなく、「嘘を教えない」ことも「子どもに嘘をつかない」ことの一つです。ですから物知りでない私は国語辞典・音楽事典・百科事典・図鑑などが必需品で学生時代よりも子ども達が小さいときの方がよく使ったような気がします。子どもが親に不信感を持つと親子の会話がなりたたなくなるのではないでしょうか。

おわりに

子どもを育てるということは大変なことなんですね。でも子どもを育てることはとっても楽しいことでもあります。夢があります。子どもを育てながら自分も育っていったんだなあと、今振り返ってそう思います。

我が子は自分の子どもでありながら私とは違う人格をもっています。うめ組のさきちゃんのように良いことだろうが良くないことだろうが自分の心に留まったことは言ってみたり、してみたり……。これらは子どもが成長するための学習の欲求なんですよね。そしてそれを阻止しようとするものにはあらゆる手段を使って抵抗します。すねたり泣いたり、親が困ることを子どもたちは良く知っています。子ども達のそのような欲求にきちんと向き合ってあげることがとても大切ではないかと思います。なぜ、したらいけないのか。なぜ、した方がいいのか。子どもの心に留まったこと一つ一つについて話し合ってほしいです。

コミュニケーション能力の低下が言われるようになってかなりたちますが、そのような話し合いが少なくなってきているのではないでしょうか。そのせいか人の話に耳を傾けるということも苦手な子どもが多いように思います。私もその点でも大いに反省しています。悲しいかな、反省しても子育ての場合、次に生かしましょうというわけにはいきません。下の子には生かせるかもしれませんが。そして、日々一刻一刻、待ったなしで子どもは成長しています。

親としてだけでなく人間としても未熟な私は、仕事や生活の中で思うようにいかなかった時、困った時にはいつも我が子が自分と同じ立場に立たされているとしたら、どんな行動を取れる人になってほしいかと考えて自分も行動するようにしていました。例えば、「あそこに空き缶が落ちている。拾おうかな。そのまま見過ごそうかな」。こんな些細なことでも自分に迷いがある時は我が子にしてほしい方はどちらか、なってほしい人物像に自分を近づけようと努力しました。なぜか我が子のことを思うと「めんどうくさいなあ」と思っていたこともできてしまうのが不思議です。

うめ組のさきちゃんはこの後、卒園式で在園生を代表して答辞を読む栄誉をいただきました。そして、年長さんになり、うめ組のさきちゃんからばら組のさきちゃんになりました。そして結局バレエも始め、今も尊敬し続けている大好きなピアノの先生に出会うこともできました。わがまま・天真爛漫、時にしっかり者のさきちゃんもいよいよ小学校。お兄ちゃんもいよいよ中学受験。「私も受験する」。雙葉は無理と分かり県内の小学校で受験できるところと言えば宮崎大学の附属小学校しかなく、住所を移転して受験することにしました。小学校の場合、最終選考は親の抽選。くじで当たったためしのない私だから絶対に落ちると思っていたのに合格してしまって。大喜びのさきに「辞退しよう」なんてとても言えず我が家は急遽引っ越しとなりました。お兄ちゃんは県外の中学校に入学が決まり、二人の子ども達は未知の世界へ飛び出す四月となりました。

小学生のさきちゃん、それなりに大変なこともたくさんあったようですが、その都度、いろいろ自分で考え乗り越えて行きました。そのまま附属中へ進学し、高校はわずかに女子の入学が許可されたお兄ちゃんの母校を受

験し、またしても運良く合格しました。

そしてこの四月、うめ組だったさきちゃんもようやく社会に飛び立っていきました。私の子育てもこれで終了です。大変だったけどとっても楽しい幸せな時間でした。これからは自分の思ったとおりにしっかり生きていってください。自分の選んだ道です。今までたくさんの方々の支えで自立できたことを忘れずいつも感謝の気持ちを持って過ごしてくださいね。社会のお役に立てるよう頑張ることが皆さんへの恩返しです。これからも応援しています。

最後になりましたが、うめ組さんで担任をしてくださった宮越祥子先生、園での様子をこんなに詳しくお知らせしていただき、今さらながら感謝しております。時折この連絡帳を娘はもちろん家族で読み返しながら小さいときのことを懐かしく思い出し会話も弾んでおります。

本当にありがとうございました。

［著者略歴］

西村　美紀子（にしむら みきこ）

宮崎県児湯郡木城町在住。
福岡教育大学卒業後、宮崎県内の小・中学校に教諭として34年間勤務。
2012年退職し、七田チャイルドアカデミー木城教室を開室。現在に至る。

うめ組のさきちゃん

二〇一六年九月十三日　初版印刷
二〇一六年九月二十二日　初版発行

著　者　西村　美紀子©
発行者　川口　敦己
発行所　鉱　脈　社
〒八八〇ー八五五一
宮崎県宮崎市田代町二六三番地
電話　〇九八五ー二五ー一七五八

印刷　製本　有限会社　鉱　脈　社